길 위에서 나를 찾다

길 위에서 나를 찾다

발행일	2023년 12월 11일

지은이	이종찬		
펴낸이	손형국		
펴낸곳	(주)북랩		
편집인	선일영	편집	윤용민, 배진용, 김부경, 김다빈
디자인	이현수, 김민하, 임진형, 안유경	제작	박기성, 구성우, 이창영, 배상진
마케팅	김회란, 박진관		
출판등록	2004. 12. 1(제2012-000051호)		
주소	서울특별시 금천구 가산디지털 1로 168, 우림라이온스밸리 B동 B113~114호, C동 B101호		
홈페이지	www.book.co.kr		
전화번호	(02)2026-5777	팩스	(02)3159-9637

ISBN	979-11-93499-83-2 03920 (종이책)	979-11-93499-84-9 05920 (전자책)

(주)북랩 성공출판의 파트너

북랩 홈페이지와 패밀리 사이트에서 다양한 출판 솔루션을 만나 보세요!

홈페이지 book.co.kr · **블로그** blog.naver.com/essaybook · **출판문의** book@book.co.kr

작가 연락처 문의 ▸ ask.book.co.kr

작가 연락처는 개인정보이므로 북랩에서 알려드릴 수 없습니다.

인생의 후반부에 접어든
중년 남성의 ················
여행 에세이

길 위에서
나를 찾다

Find me on the road

나를 찾아 떠나는 여행길 위에서

인생은 50부터임을 깨닫고

지금부터가 시작임을 외치다

이종찬 지음

 북랩

나는 올해 50이 되었다. 그동안 미국 이민 생활에 먹고 사느라, 애들 키우느라 거의 18년을 정신없이 살았다. 나름 열심히 살았는데 청춘이 훅 날아간 기분이다. 나이 드신 분들이 젊을 때 많이 돌아다니지 못한 것을 제일 후회한다고들 한다. 그래서 한 살이라도 젊을 때 더 돌아다니고 보고 느끼려고 한다.

나는 예전부터 디지털 노마드를 꿈꿨다. 재택근무로 컨설팅 비즈니스를 한 지 7년 차이다. 해외 어디든 일할 수 있는 여건이 되지만 아직 아이들 때문에 실현은 안 되었다. 이제 둘째가 내년이면 대학가니 이제 출발점이 코앞으로 온 것이다. 그래도 아직 엉덩이가 들썩거린다. 지난 일 년 동안 6번의 해외여행(칸쿤 빼고 5편만 여행기를 실었다)을 다녀온 것을 토대로 여행 에세이를 마련하였다. 여행 중에 더욱 사색이 많이 되고 영감이 떠오른다. 그래서 얼른 까먹기 전에 여행 다녀오는 길에 글들을 정리하곤 한다. 동영상도 찍어서 유튜브에 짧게라도 기록한다. 우리는 망각의 동물이라 금방 잊어버린다.

글을 쓰면서 나의 생각을 다듬고 나를 찾아가는 과정이다. 조각가처럼 큰 바윗덩이에서 하나씩 깎아가면서 나를 찾는 과정이다. 나이 50이 되면 지천명인데 아직도 나는 고민이 많다. 이 나이 되어도 오춘기처럼 인생의 질문들이 많고 어떻게 나머지 인생을 살지 고민이 많다.

이 글은 단지 여행 정보를 정리한 책이 아니다. 여행을 하면서 나의 뇌와 감정을 자극한 영감들을 기록한 책이다. 그동안 나는 9권의 책을 냈다. 여행기는 처음이다. 10번째 책을 쓰는 게 신기하다. 쓰다 보니 더 쓰고 싶은 주제들이 생긴다. 인생은 짧다면 짧고 길다면 길다. 나는 아직도 버킷리스트들을 작성하며 하나씩 지우고 있다. 5번의 여행을 통해서 나를 찾아가는 과정을 기록했다. 방황하는 여러분들을 응원하며 나의 방황기가 여러분들에게도 희망과 격려가 되기를 바라는 마음이다. 열심히 일한 자 떠나라!

'영원히 살 것처럼 꿈꾸고, 내일 죽을 것처럼 오늘을 살아라.'

— 제임스 딘

차 례

스페인 바르셀로나 편

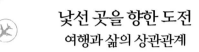

낯선 곳을 향한 도전
여행과 삶의 상관관계

유튜브 동영상 시청
https://www.youtube.com/
watch?v=1bGYDw0MclE

드디어 산티아고 출발

나는 이 글을 바르셀로나에서 뉴욕, 뉴욕에서 LA로 가는 비행기 안에서 쓰고 있다. 거의 14시간의 비행시간은 나에게 즐거운 고문(?)이다. 그냥 마냥 기다리는 시간으로 따지면 아주 고역이다. 시계만 보고 있으면 시간은 더욱 가지 않는다. 시간을 빨리 보내려면 시간이 흐르는 것이 아쉽다고 느끼게 할 수밖에 없다. 그중 하나가 글쓰기이다. 좁은 좌석에 갇혀 있는 동안 나는 글을 쓰면 아주 집중적으로 쓸 수 있다. 나의 대부분의 책들이 그렇게 나왔다. 비행기 안에서, 호텔에서, 코로나로 인한 락다운(Lock down) 기간 중에….

우연찮게 다녀온 이 여행에서 느꼈던 것들이 날아가지 않게 여행 중간중간에 아이폰에 키워드 메모를 했다. 그리고 주요한 여행 중의 느낌은 사진과 동영상을 찍어 그 기억을 간직하려 한다. 이제는 사진을 보지 않으면 기억조차 나지 않는 일들이 많다. 이것이 나의 만 49세 때의 일이었고 나의 큰애랑 다녀온 부자지간의 여행기이다.

느닷없이 웬 바르셀로나?

살다 보면 일상이 지겨울 때가 있다. 해야 할 일들에 지치고 새로운 영감이 없을 때 떠나야 한다. 나는 컨설팅 비즈니스를 하기 때문에 출장 가는 일이 많다. 해외로, 또는 미국 내로 일 년에 몇 번씩은 떠난다. 올해는 여름에 한국을 다녀왔다(현재 미국 오렌지 카운티 거주 중). 하지만 다녀온 지 얼마 안 되어서 한두 달을 못 넘기고 어딘가 다시 떠나고 싶은 심정이 든다.

내가 대학생이던 90년대 초에 유럽 배낭여행 붐이 일어났다. 당시 집안 형편이 좋지 않았던 나는 과외로 열심히 돈을 모았으나 집에 사정이 생겨서 그 돈을 쓰는 바람에 유럽 여행을 다녀오지 못했다. 그 후에 미국에 이민 생활을 하면서 먹고 사느라 바빠서 어느덧 30대와 40대를 지나고 50대의 문턱에 다다랐다.

나의 첫 책인『게으름의 경영학』(2018)에서 나는 디지털 노마드 삶을 살고자 책을 썼고 일/가정/자아실현 및 의미 추구(신앙 포함) 등의 가치로 살고자 다짐했다. 그 후로 시간이 흘러 2022년을 달리고 있다. 나름 일과 자기 계발, 사회봉사, 영성 추구를 하면서 고군분투하고 있다. 최근에는 큰애가 대학에 진학하면서 이제는 둘째(11학년, 한국으론 고2)만 남았다. 특히 미국에서 애를 키우면 손이 많이 간다. 애들 학교, 학원, 스포츠 액티비티, 친구 만날 때 등에 차로 라이드를 하는 게 일상이다. 아마 애 하나 키우는 데 드는 라이드 시간만 합쳐도 족히 하루 1~2시간씩 하면 일 년 360~720시간에 20년이면 거의 7,200~14,400시간(300~600일)으로 환산되는 어마어마한 시간이다.

큰애가 대학을 가니 라이드가 줄어든 만큼 몸이 날아갈 것 같다. 둘째까지 대학에 가면 이제 와이프랑 하고 싶은 여행을 실컷 하고 싶은 생각이다. 그러나 둘째 대학 가기 전까지 2년도 기다리기 쉽지 않다. 내 컨설팅 비즈니스도 이제 5년이 넘어 6년 차가 되어 있고, 교회에서도 아프간 난민 봉사, 지역 사회팀 봉사, 셀그룹 리더 등으로 마음의 공백이 없어진 것 같다. 이쯤에서 나는 뭔가 브레이크(Break)를 하고 인생의 반인 50세 기점(최근 미국 생일로 49세 생일 지났음)에서 나를 다시 돌아보고 남은 50년을 어떻게 살지 고민하고 싶었다.

그러던 차에 유튜브에 유럽 여행에 대한 동영상들을 보기 시작하니 알고리즘에 의해 우후죽순으로 연관 동영상이 떴다. 자꾸 유럽 동영상을 보니 맘이 더 유럽으로 당긴다. 이참에 아마존에서 세계 지도를 사서 내 서재 벽에 붙여 놓았다. 그리고 내가 가고 싶은 나라들을 리스트업해서 죽기 전까지 가보리라 버킷리스트를 만들었다.

내 방에 붙여 놓은 지도

　지도까지 사니 당장 내일이라도 가고 싶은 생각이 들었다. '그럼 이참에 혼자라도 가볼까', '간다면 어디를 짧게 다녀올까'라는 고민이 생겼다. 내가 사는 미국에서 그나마 제일 가까운 곳이 지도상으로 포르투갈로 보인다. 그래서 리스본으로 리서치를 했다. 정말 많은 사람들이 강추하는 곳이다. 그러나 비행시간은 스페인도 비슷했다. 그럼 스페인으로 가볼까. 큰맘 먹고 와이프한테 바르셀로나를 가면 안되냐고 물어보았다. 영화 '테이큰'처럼 가면 납치될 거라며 와이프는 나보고 미쳤다고 한다. 그러면 뉴욕에 있는 큰애 데리러 간다고 했더니 그나마 승낙을 해준다.

　큰애는 뉴욕에 있는 대학에 다닌다. 금요일 수업이 없고 월요일은 콜럼버스의 날로 수업이 없다고 한다. 그래서 같이 스페인 바르셀로나에 가자고 했더니 흔쾌히 응한다. 스페인 바르셀로나는 건축가 가우디의 작품들로 유명한 도시이다. 유튜브에도 수많은 한국 관광객들이 올린 유튜브 동영상이 넘친다. 영상마다 어찌 그리 아름답고 음식들이 맛있게 보이던지… 바로 여기다.

그리고 여행 직전에 내 고객 중에 한 유대인 할아버지 회사에서 나를 불렀다. 지난 FDA 오딧때 지적사항들이 있었는데 시정조치를 하고자 나와 상의한 것이다. 그 회사는 스페인에 제일 큰 캔디 회사에서 캔디를 수입하는 회사였다. 유대인 사장은 스페인에 가는 김에 캔디 회사 공장에 방문하여 실사 및 FDA 규정을 교육해줄 수 있냐고 물었다. 바르셀로나에서 비행기로 한 시간, 기차로 한 시간 더 가서 있는 무르시아(Murcia)라는 소도시였다. 자기가 드는 경비는 댈 테니 얼마든지 다녀오라고 한다.

결국 요번 여행에 비행기표 값과 호텔비, 식비를 커버할 만큼 여행 비용을 청구하고 남는 돈으로 이번 여행을 공짜로 하게 되었다. 항상 일은 저지르면 된다. 성공한 많은 기업가들은 창의적이면서 실행력이 강한 사람들이다. 이 두 개의 날개가 있으면 모든지 성공한다. 나 또한 생각과 구상을 많이 하지만 실천을 더 중요시한다. 성공한 사람들은 계획을 잘 짜는 사람이 아니라 행동하는 사람이다.

평생에 생각만 하고 실천하지 못하여 후회하는 사람이 있다. 그런 사람들은 죽을 때까지 그렇게 실천하지 못할 확률이 높다. 죽기 전에 사람들 인터뷰하면 가장 많이 후회하는 게 '하고 싶었지만 못한 것'들이다. 실천은 생각날 때 바로 하는 것이다. 나 같은 경우에 삘이 나면 바로 하는 성격이다. 그게 비즈니스이건 여행이건 봉사 활동이건 모든 삶의 영역에서 그렇게 하려고 한다.

실행력도 근육이다. 매일 하루에 한가지씩 실천하면 3달 뒤면 당신은 모든 일에 성공하는 사람이 될 것이다.

피카소 미술관과 모코(Moco) 미술관

우리는 피카소와 모코(Moco) 미술관을 다녀왔다. 피카소는 두말할 나위 없는 거장이다. 피카소는 바르셀로나 근교에서 태어나 파리에서 활동한 뒤에 다시 스페인으로 돌아왔다. 평생 7명의 여자들과 기막힌 사랑을 하며 평생 그림을 그렸다. 거의 5만 점의 그림을 그렸다고 한다. 일단 많은 시도(양)가 질도 결정한다. 대가들은 하루아침에 만들어지지 않는다. 나도 처음에 장난처럼 쓴 『게으름의 경영학』 책을 쓰고 지금까지 8권의 책을 냈다. 갈수록 질도 좋아지고 두 권은 베스트셀러가 되었다.

피카소는 '아비뇽의 처녀들', '게르니카'로 유명하다. 피카소는 미술 활동을 통하여 사회적 문제를 표현했다. 대표적으로 스페인 내전에서 게르니카 민간인들이 나치 독일 공군의 폭력으로 학살당한 게르니카 학

피카소 미술관

살사건(1938년)을 그린 작품이 '게르니카'이다. 한국전쟁 당시에 미군의 노근리 학살에 모티브를 얻어 '한국의 학살'이라는 작품도 발표하였다.

피카소의 게르니카. 현재는 다른 미술관 소장 중

모코(Moco) 미술관은 현대 미술가들 중 힙한 아티스트를 모아 놓았다. 그중에 뱅스키는 스트릿 아티스트로 익명의 예술가이다. 사회의 부조리를 비판하면서 수많은 메시지를 던지고 있다. 그리고 나는 그전에 어떤 책에서 그의 말을 인용한 것을 보고 스크랩해 놓은 기억이 있다. 그런데 여기서 그의 작품을 만나고 특히 그 인용 문구를 만나게 되어서 너무나 기뻤다.

"세상에서 최고의 범죄는 룰을 깨는 사람들에 의해 저질러 지는 게 아니라 그 룰을 따르는 사람들에 의한 것이다. 폭탄을 투하하고 대량 학살을 하는 명령을 따르는 사람들이 바로 범죄자이다."

— 뱅스키

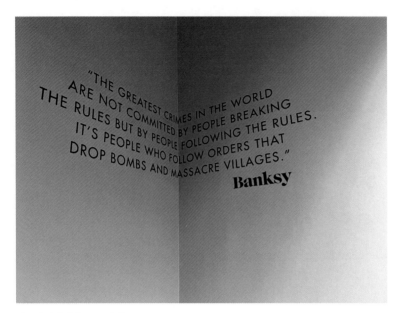

"THE GREATEST CRIMES IN THE WORLD ARE NOT COMMITTED BY PEOPLE BREAKING THE RULES BUT BY PEOPLE FOLLOWING THE RULES. IT'S PEOPLE WHO FOLLOW ORDERS THAT DROP BOMBS AND MASSACRE VILLAGES."

Banksy

뱅스키의 울림을 주는 명언

David LaChapelle의 예수님의 마지막 성찬(The last supper) 작품

뱅스키의 작품

모코(Moco) 미술관에서 본 마지막 성찬에 대한 데이빗 라샤펠 (David LaChapelle)의 재해석 작품이다. 예수님이 오셨다면 현재 이런 모습 아닐까. 마약 딜러, 세금 징수원 등 다양한 계층의 사람들과 소통하고 그들을 일깨우시지 않을까. 얼마 전 나온 미국 TV 시리즈 '블랙 지저스'도 비슷한 모티브이다. 예수가 흑인으로 나오고 현재에 미국의 빈민가에 나와서 술과 마약에 취한 사람들에게 전도를 한다. 욕도 잘 하신다.

우리에겐 예수님의 모습은 전형적으로 그린 백인 이미지의 서양화 모습에 머리에 남아 있다. 예수님이 역사적 인물임에도 우리는 너무나 관념화해서 신성에만 포커스를 두면 예수님은 우리와 동떨어진 분이다. 그러나 예수님께서는 실제 삶을 사신 분이다. 그분의 고민과 노력을 우리도 같이 느끼고 깨닫고 실천해야 하지 않을까. 교회가 있어야 할 자리는 어디일까. 권력과 돈이 아니라 저런 사람들 옆에 있어주는 게 교회의 역할이 아닌가. 차라리 모코(Moco)에서 만난 예수님의 모습이 더 신선하다.

낯선 곳을 알아가는 과정

여행에 오면 그 지역을 낯설게 알아가는 과정이 재밌다. 처음에는 유튜브로 인터넷으로 리서치한다. 수많은 사람들이 이렇다 저렇다 평가한다. 일반적인 지식을 쌓는 단계이다. 그러나 사람들이 너무 많이 찾는 곳은 좀 질린다. 관광객도 많고 이미 다녀온 사람들의 평가가 내 머리에 박히기 때문에 되레 독이 될 수 있다.

직접 방문하여 나의 평가가 필요하다. 그다음은 내가 그 지역을 방문하면서 쌓아가는 지식이다. 실제 방문했을 때 조금씩 알아가는 과정이 사람을 만나는 것과 같다. 처음에는 부끄러운 듯하다가 조금씩 마음을 열고 나에게 마음의 문을 열어준다. 그곳의 음식과 문화, 역사를 가면 더 입체적으로 이해할 수 있다. 그곳 현지 사람들과 대화하는 것도 즐거움이다. 관광객으로 방문하면 좋을 수 있지만 현지 사람들은 삶의 현장이므로 우리와 생각이 다를 수도 있다. 내가 방문하는 지역도 사람과 인격적으로 교감하는 것 같다.

글을 쓴다는 것은 건축과 같다

이번에 가우디 건축들을 보면서 조그만 주택부터 웅장한 174미터 높이의 대성당까지 여러 건물들을 보았다. 글 쓰는 과정도 건축이랑 닮았다. 먼저 블루 프린트가 있어야 한다. 내가 뭐를 쓸지 큰 골격들을 구상한다. 그리고 골격을 만들고 벽돌로 살을 채운다. 그리고 마지막에 인테리어를 하게 된다. 목차 선정이 건축의 뼈대라면 벽돌은 세세한 스토리이고 인테리어는 마지막 글의 다듬기이다.

가우디의 사그라다 파밀리아는 현재 100년 이상을 건축하고 있다. 아직도 완공하려면 몇 년이 더 걸린다 한다. 대작은 그렇게 걸린다. 글도 대작은 평생 걸린다. 그리고 가우디 사그라다 파밀리아처럼 미완으로 끝날 수도 있다. 나는 내공이 짧고 성격이 급해서 오래 글을 쓰지 못한다. 대신에 평소에 짧게 짧게 독서하고(앱으로) 순간순간 메모(아이폰 노트)한 것들이 글이 되고 책이 된다. 내가 쓴 책들은 2주에서 2달 사이이다. 여러분도 인생의 건축물인 책을 한번 지어보심이….

사그라다 파밀리아
성당 앞에서 큰아들과

중앙일보 고정 칼럼
'종교와 트렌드'에 게재한 글
건축가 가우디의 삶에서 본 영성,
'신은 서두르지 않는다'

최근에 스페인에 출장을 다녀왔다. 간 김에 바르셀로나에 들러서 며칠을 보내고 왔다. 바르셀로나는 가우디의 건축물로 유명한 곳이고 수많은 해외 관광객들이 가우디 건축물들을 보기 위해 바르셀로나를 찾고 있다. 가우디 덕분에 바르셀로나가 먹고 산다고 해도 과언이 아니다. 가우디의 건축물도 명작이지만 가이드가 설명해 주는 그의 삶을 통해서도 많은 울림을 받았다.

가우디는 스페인 카탈루냐에서 대장장이의 자식으로 태어났고 류머티즘을 앓았던 그는 평범한 사람보다 한 박자 느린 아이였다. 건축학교에서도 인정받지 못한 학생이었다. 가우디의 삶도 차분히 벽돌 하나를 쌓듯 설계했다. 우여곡절 끝에 가우디는 유명한 건축가였지만 결혼도 하지 않고 그의 작품들에 혼신을 다해 고민하고 일과 신앙을 중시한 사람이다.

그의 초라한 죽음은 안타깝지만 많은 생각을 하게 한다. 그가 죽었던 1926년에 가우디는 전차에 치는 사고를 당한다. 행색이 초라한지라 노숙자로 보여서 전차 운전사는 길가로 치우고 떠났다고 한다. 행인들이 그나마 안타까워하며 택시를 잡으려 했지만 노숙자를 태우려 하지 않았다. 겨우 병원에 가서도 부랑자들이 모여있는 공동 병실로 옮겨졌다. 아무도 그가 가우디인지 몰라보았던 것이다.

한편 가우디의 지인들은 실종신고를 하고 가우디를 찾아다녔다. 그들은 병원에 노숙자 같은 노인이 입원했다는 소식을 듣고 그곳으로 달려갔다. 그들이 찾던 노인이 피로 뒤범벅된 채로 누워 있었다. 겨우 숨만 붙어 있었다. 노인은 개인 병실로 옮겨졌다. 다음날 의식은 되찾았지만 사고 3일 만에 눈을 감았다. 허망한 죽음이다. 지금도 바르셀로나의 작품 중에 가장 손꼽히는 사그라다 파밀리아 성당을 짓고 있는 중이었다. 그의 죽음을 바르셀로나 시민들은 크게 애도했다.

가우디의 건축물들은 자연을 모티브로 하여서 구불구불한 곡선을 많이 쓴다. 직선의 육중한 시멘트가 아닌 사람과 건축물이 조화를 이룰 수 있는 디자인을 하였다. 특히, 그는 독실한 가톨릭 신자였다. 사그라다 파밀리아 성당에는 예수의 탄생, 고난, 부활을 세세히 담고 있다. 그의 독특한 시각에서 표현한 성당 외부의 조형들은 하나하나 디테일을 보면 감탄을 자아낸다.

가우디는 또 다른 유명한 건축가 르코르뷔지에와 비교된다. 가우디를 술의 신 디오니소스로 비유하면 르코르뷔지에는 아폴론이다. 그는 이성, 논리를 중시한다. 르코르뷔지에는 현대 건축물들의 아버지인 셈이지만 육중한 건물들 앞에 서면 인간의 초라함이 느껴진다. 그러나 가우디의 작품은 감성적이고 편안한 느낌을 자아낸다. 또한 사그라다 파밀리아 성당 옆에 인부들의 자녀가 다닐 수 있게 만든 조그만 학교까지 설계한 것을 보면서 하나님을 사랑하고 이웃을 사랑한 사람이라고 생각했다.

사그라다 파밀리아 성당은 아직도 건축 중이다. 거의 백 년이나 짓고 있고 아직 완공하려면 몇 년 더 기다려야 한다고 한다. 그가 남긴 "신은 서두르지 않는다"고 한 명언은 우리에게 큰 교훈을 준다. 여행을 다녀온 뒤에도 그의 삶의 검소성, 자신의 꿈을 천천히 걸어가는 끈기, 하나님과 이웃을 사랑하는 마음, 목적을 위한 미니멀리스트의 삶 등 계속 향기가 느껴진다.

한국식품음료 신문에 게재한 글
제이 리(Jay Lee)의 미국 통신
'K-Food의 빈자리'

필자는 최근에 출장차 스페인 바르셀로나와 근교 남부 도시에 스페인 회사에 FDA 공장 실사 컨설팅 건으로 다녀왔다. 최근 들어 FDA의 해외 공장 실사가 부쩍 늘면서 한국 업체들뿐 아니라 해외 클라이언트들의 컨설팅 요청이 부쩍 늘었다. 스페인 출장이라 마음이 한결 가벼웠다. 평소에 가보고 싶었던 곳이었기 때문이다. 일 보기 전 며칠 일찍 바르셀로나에 도착하여 그곳을 둘러보는 시간을 가졌다.

바르셀로나는 건축가 가우디의 건축물들로 유명한 도시이다. 많은 건축물들에 영감을 받았다. 바르셀로나는 음식 또한 한국인 입맛에 잘 맞는 듯하다. 각종 해산물이 풍부하고 쌀이 들어간 음식들이 많아서 계속 먹어도 질리지가 않는다. 그래도 여행 며칠 중에는 갑자기 한국 음식이 먹고 싶은 생각이 들었다. 구글에서 한국 식당을 검색하였더니 몇 군데가 눈에 들어왔다. 내가 사는 LA지역에 비하면 수가 많지 않았다.

사진으로 괜찮아 보이는 한국 BBQ 식당으로 정해서 그곳으로 향했다. 그러나 문 안으로 들어가니 왠지 조용했다. '안녕하세요' 라고 인사했더니 답이 없고 주인도 멀뚱멀뚱했다. 속으로 좀 이상하다 싶었다. 서버가 다가오더니 한국말을 하지 않고 스페인어로 주문을 받았다. 여기 오래 사셔서 스페인어가 편한가 했다. 그러나 전자판 메뉴를 보니 중국어와 스페인어로 쓰여 있지 않은가. 알고 보니 중국인이 하는 식당이었다.

나는 눈치를 보다가 나가기로 하였다. 한식이 먹고 싶어 왔는데 괜히 어설프게 중국 사람이 하는 한식을 먹고 싶지 않았기 때문이다. 다시 구글에서 검색하고 리뷰도 철저히 검토해서 이번엔 진짜 한국 사람이 하는 한국 BBQ 식당을 찾았다. 그제서야 안심하고 한식을 먹을 수 있었다. 미국 LA지역이야 워낙 많은 한식당과 한국 프랜차이즈들이 들어와서 한국에 가지 않아도 골라서 먹을 수 있다.

바르셀로나만 해도 스페인의 제2의 도시이지만 한식당이 의외로 없다. 그나마 절반 이상이 중국인들이 하는 식당이라고 한다. 미국에 살다 보면 스시집이 거의 다 한국 사람이 하는 것과 비슷한 현상이랄까. 일본 사람들이 스시가 자기 음식인데 정작 스시집은 한국인들이 더 많이 하고 있는 것을 보면서 드는 느낌을 나도 느꼈다. 최근 중국의 문화 공정으로 김치도 자기의 음식이라고 주장하는 것을 보면서 이제는 한국 BBQ도 자기 음식이라고 할지도 모른다는 생각이 들었다. 가이드 말을 들어보니 BBQ뿐 아니라 치킨도 한국 프랜차이즈 짝퉁이 많다고 한다.

그동안 많은 한국 프랜차이즈들이 미국에 들어와서 성공하며 정착하였다. 그러나 미국 중심으로 치중된 해외시장에서 이제는 공백이 많은 유럽의 유명 관광지에도 공략할 시점이다. 중국인들이 한식 프랜차이즈 짝퉁들을 먼저 선점하기 전에 진짜 한국의 좋은 프랜차이즈들이 선점하기를 바라는 마음이다. 바르셀로나에 보니 아시안 관광객이라곤 한국인들밖에 안 보인다. 그 많던 중국인들은 중국 정부의 코로나 정책으로 해외로 잘 나가지 못한다. 그렇다 보니 중국인이 한국인 상대로 장사를 하는 것이다.

요즘 한국의 젊은 사람들은 유럽 여행을 참 많이 간다. 인스타그램이나 유튜브에 올린 사진/영상들을 보면 욜로를 중요시하는 세대인 것 같다. 한국의 프랜차이즈들도 좋은 유럽 관광지에 진출하여 유럽 여행 좋아하는 MZ세대 직원들을 진출시키면 어떨까 생각이 든다.

디지털 노마드
내가 원조

디지털 노마드가 팬데믹 때 재택근무를 하면서 유명해졌지만 나는 그전부터 제 컨설팅 비즈니스를 시작한 2017년부터 세계 어디서든 일하고 싶은 나의 오랜 소원을 이루었다. FDA 관련 컨설팅이 고객 위치에 방문하는 경우가 많고 경우에 따라서 온라인/이메일로 일을 하기에 충분하기에 사무실이 필요 없다. Tim Perry의 '일주일에 4시간 일하기(4 Hours a week)'이라는 책을 처음 접한 것은 약 10년 전 일이었다. 흥미 있게 읽었지만 그 당시에는 나에게는 먼 나라 이야기였다. 나는 식품공장에서 품질관리 매니저로 일했기에 새벽부터 나가서 일하고 들어오는 전형적인 샐러리맨이었다. 직업상 출장도 잘 가지 않는 포지션이라 나의 노마드적인 욕구가 항상 쌓여 있었다.

그러나 2017년 FDA 관련 컨설팅을 하면서 드디어 디지털 노마드로 일할 수 있는 기회가 온 것이다. 특히 한국 사람의 마인드는 항상 사무실이 어디냐고 묻고 사무실을 얻어야 하지 않냐고 하지만 나는 전혀 필요 없다고 말한다. 지금 나는 직원이 2명 있지만 모두 재택 근무를 시키고 있다. 현재까지 비즈니스는 재택근무로도 잘 돌아가고 있으며 집중력있게 일을 하고 나머지는 취미와 봉사활동, 독서/글쓰기의 자기 계발에 시간을 씀으로써 시간을 알차게 보낼 수 있다.

'게으름의 경영학'을 쓴 2018년엔 이런 디지털 노마드의 꿀맛을 많은 사람들이 누리지 못해서 나만 몰래 즐기고 있는 비밀이라고 생각했지만 코로나 이후로는 많은 사람들이 이 맛을 알아버려서 나만의 비밀을 들킨 기분이다.

많은 사람들이 한쪽으로만 치우치는 삶을 보면서 나는 저렇게 살지 말아야지 하는 생각을 한다. 돈만 쫓아가는 사람들, 명예만 쫓아가는 사람들, 건강만 쫓아가는 사람들, 일상 영성이 없는 교조적인 신앙인들…. 노래 '어떤 이의 꿈'이 생각난다. 당신은 무엇을 꿈꾸며 사는가. '남의 꿈인가 당신의 꿈인가…' 나이가 50이 되어가면서 보면 그런 질문들을 지속적으로 하고 다시 그 질문에 자기가 대답하는 사람들이 많이 없다는 것을 알았다. 오늘도 늦지 않았다. 당신의 꿈은 무엇인가요?

재미와 의미를 추구하는 삶

요즘 인생을 100세 시대라고 한다면 한 번의 삶을 사는 것은 너무 심심하다. 예전에 교육-일-은퇴의 3단계의 살았다. 젊은 사람들의 꿈은 돈을 잘 벌고 사는 것이 꿈이라면 결국은 돈 많이 벌어서 은퇴하는 것이 꿈이다. 그 뒤에 은퇴하면 뭐 할 것이냐고 물어보면 대답이 궁색하다.

보통 은퇴할 때 돈을 먼저 생각한다. 그러나 주식, 부동산과 같은 유형 자산도 중요하지만 나머지 여생을 채울 **무형 자산**도 중요하다. 무형자산은 취미, 자기 계발, 봉사, 여행, 의미 추구 등 삶을 채울 콘텐츠이다. 이러한 무형 자산이 없으면 나머지 여생을 멀뚱멀뚱 지루하게 보내야 한다. 미리미리 준비를 해야 한다. 그리고 나 같은 경우에는 은퇴라는 개념보다는 지금 현재부터 Semi-은퇴라는 삶을 살고 있다.

늙으면 에너지가 없고 아파서 할 수 없는 것들이 많다. 힘 있고 안 아플 때 하고 싶은 거 하면서 사는 게 나의 라이프 스타일이다. 단, 재미와 의미를 추구하기 위해 사회봉사에 밸런스를 맞추고 있다. 현재 아프가니스탄 난민들 돕는 사역, 재소자 돕는 일, 홈리스, 장애인 사역들 직접 아니면 재정 후원 등으로 돕고 있다. 특히, 이민자들의 생존 모드에서 미국 사회의 일원으로 지역 사회에도 이바지하는 한국인들의 이미지를 만드는 게 꿈이다.

의무로 살아야 하는 삶은 어디까지?

요번에 떠나면서 내 인생 49년의 삶을 돌아보았다. 그동안 의무로 살아온 기간이 대부분 같았다. 대학까지는 학생으로 공부해야 하는 의무, 군대 다녀온 국방의 의무, 결혼하고 가장의 의무, 교회에서는 리더의 의무 등등 아직도 이 임무는 진행 중이다. 그러나 때로는 이런 역할들을 내려놓고 훌훌 새가 되어 떠나고 싶다.

비행기에서 우연히 '버디(Birdie)'라는 영화를 보았다. 새가 되어 날아가고 싶어 하는 버디와 그의 친구(니콜라스 케이지 역)을 보면서 오버랩되었다. 그 영화의 포스터에 갇힌 새처럼 웅크리고 있는 주인공의 모습이 우리 인간들이 아마 평생 어디론가 훌훌 날아가고 싶은 욕망을 보여주는 것이 아닐까.

나는 크리스천이기 이전부터 나의 대학교 시절에 삼은 모토인 성경 구절 '진리가 너희를 자유케 하리라'[1]라는 문구를 좋아했다. 진리가 우리를 억누르는 것이 아니라 진리는 우리를 행복하게 만들고 삶의 에너지가 되고 만족이 되는 것이라 믿는다. 돈으로부터, 아이들 성공에 대한 집착으로부터, 건강에 대한 걱정으로부터, 자존심으로부터 모든 것을 내려놓아야 자유롭다. 그것이 신앙을 가져서이든, 신앙이 없든 간에 여러분의 인생을 결정할 것이다. 때로는 의무의 삶에서 잠깐 떠나는 것도 많은 쉼을 줄 것이다.

영화 버디의 한 장면

여행은 준비할 때부터 시작이다

사실 여행은 여행 중에도 좋지만 여행 가기 전에 준비하는 것도 재밌는 과정이다. 일정을 짜려면 많은 리서치를 해야 한다. 비행

---

1)   요한복음 8:31-32

편, 호텔, 로컬 교통, 들릴 관광지 정하기, 준비물 등등 준비할 것이 한두 개가 아니다. 그러나 여행을 앞두고는 아드레날린이 나와 여행 전이라도 하루하루가 즐겁다. 크리스마스 선물을 기다리는 아이처럼 뭔가 선물을 기다리는 심정이랄까.

여행을 준비할 때는 엔돌핀이 솟아난다. 계속 해당 지역을 서치하고 공부해야 한다. 때론 해당 지역 정보를 너무 많이 봐서 막상 여행을 가면 이미 왔다는 생각이 들 정도이다. 아무튼 여행은 우리의 삶에 활력소를 준다.

여행 중 만나는 우연성, 세렌디피티
인생이 그렇다

여행 준비 시에 그렇다고 모든 것을 완벽히 준비할 필요는 없다. 나는 반 정도만 준비한다. 나머지 반은 여행에서 우연히 만나지는 사람과 장소들이 있다. 인생과 마찬가지이다. 내가 계획한 대로 100% 되는 것이 인생이던가…. 나이가 50이 되어가니 이제는 인생에 힘을 빼는 법을 배운다. 골프와 마찬가지로 몸에 잔뜩 힘을 주고 공을 치면 더 안 맞는다. 몸에 힘을 빼고 팔, 손목에 힘이 들어 가면 안 된다. 사업도 계획 반, 우연 반이다. 크리스천으로 내 힘으로 할 수 있는 게 아니다. 다 은혜이다. 잘 되면 무언가 주신 의미가 있을 거란 생각이 들고 항상 겸손해지자 되새긴다.

이번 여행에도 우연히 찾은 장소와 사람들이 너무나 신기했다. 우연히 시체스 영화제 기간과 겹쳐서 그곳을 간 점(아들인 쪼가 영화전공이라 좋았음), 가이드 부부와 만남 점(남편은 스페인어 혼혈 2세로 한국말을 잘함. 같은 이민자로서 우리 아들처럼 정체성의 혼란과 한국인으로서 공통된 경험을 해서 많은 공감을 보여줌) 등등, 여행은 삶에 큰 무늬를 그려 넣을 기회이다.

시체스 영화제.
우리가 오기 이틀 전에 이정재가
영화 '헌트'를 출품하여
시체스 영화제에 왔다고 한다

문득 정현종 시인의 '방문객'이 생각난다.

방문객

정현종

사람이 온다는 건
실은 어마어마한 일이다.
그는
그의 과거와
현재와
그리고
그의 미래와 함께 오기 때문이다.
한 사람의 일생이 오기 때문이다.
부서지기 쉬운

그래서 부서지기도 했을
마음이 오는 것이다 - 그 갈피를
아마 바람은 더듬어볼 수 있을
마음,
내 마음이 그런 바람을 흉내낸다면
필경 환대가 될 것이다.

여행은 생존 모드로 바뀐다.
말도 안 통하고 문화, 생활 시스템이 전혀 다르다

여행을 오면 말도 잘 안 통하고 문화도 틀리고 모든 것이 낯설어 나를 겸손하게 한다. 살고 있는 미국에서 이곳 스페인에 처음 온 며칠은 아이가 된 느낌이다. 몸도 긴장해서인지 잘 때는 실신할 정도로 피곤하다. 그러나 이러한 긴장은 사람을 때때로 무한한 능력을 발휘하도록 한다. 더군다나 나같이 리모트로 일하는 컨설턴트는 때때로 일도 해야 하면서 여행을 하므로 시간 사용 능력이 극대화된다.

나는 미국에서 이민 생활을 하고 있으므로 이미 많은 여러 나라의 문화들을 알고 있다. 요즘 한국에 한국분들도 외국에 많이 다녀와서 외국에 대한 다양한 가치관과 문화에 대해서 알고들 있다. 여행은 내가 사는 곳에 내가 중심이던 사고에서 나를 주변인의 삶으로 던지게 한다. 특히, 한국분들은 단일민족으로 살다 보니 백인 외에 인종들에 대해서 차별하는 것을 많이 본다.

미국에 이민 와서 역으로 아시안이라고 차별당하는 경험을 해 보면 나라는 존재는 미미하구나, 마이너리티라는 정체성을 가지게 된다. 스페인 여행 시에는 더한 느낌이다. 캘리포니아에 특히 오렌지 카운티에 수많은 아시안과 한국 사람들이 있어서 불편함을 못 느끼지만 여기엔 아시안들이 별로 없다. 요즘 중국인들 관광객들이 안 오니까 바로셀로나엔 가끔 한국 관광객들만 조금 보인다.

일 때문에 방문한 무르시아(Murcia)라는 소도시에는 아예 아시안 보기가 어렵다. 되려 아시안을 보지 못해 신기하게 말을 거는 사람도 있다.

가끔은 여러분도 여행하면서 주변인으로 살아가는 삶을 느껴야 한다. 그래서 한국에 있는 이주노동자들 차별하지 않고 다 똑같은 사람이라고 느껴야 한다. 나는 미국에서 아프가니스탄 난민들의 미국 정착을 돕는 봉사를 하고 있다. 최근에 한국에도 아프간 난민들이 들어갔는데 한 초등학교 학부모들이 아프간 난민들 자녀를 받지 말라고 데모하는 것

국경일 행사 중 만난 군인과 함께

을 보고 실망을 금하지 못했다. 그런 분들이 한국 사람들 없는 곳에서 인종 차별을 받으며 생활했다면 어땠을까 상상을 해본다.

스페인 냄새

이곳에 오고 나서 사람들에게 특이한 향기가 나는 것을 느꼈다. 향수인가 했더니 호텔에서 그 향기로 채워진 비누나 샴푸가 어느 호텔이나 있다. 은근한 그 냄새는 스페인을 연상시키는 냄새이다. 사람은 냄새로 기억하는 경우가 있다. 장마 전 비 오기 전에

냄새, 가을의 낙엽 지는 냄새,

왕가위 영화 '타락 천사'에 '그녀에게서 그 남자의 향기가 느껴진다'라고 나온 대사는 유명하다. 한때 많은 광고와 코미디 패러디로 이용했다. 이제 나는 그 스페인 냄새를 언제 또 맡을 수 있을까.

조상 잘 만난 나라

바르셀로나에는 가우디 건축물, 피카소 등 유명한 사람들의 작품이 있는 곳이다. 가우디가 바르셀로나를 먹여 살린다는 사람도 있다. 한 해 수많은 관광객들이 가우디 작품들을 보기 위해 온다. 나라로 치면 금수저 유산을 받은 나라이다. 100년 전에 가우디의 사그라다 파밀리아 대성당을 지을 때 한국은 일제 강점기에 우울한 시대를 보내고 있을 때다.

한국은 근 현대화를 거치면서 흙수저 국가에서 자수성가해서 최근에 잘 살게 된 나라이다. 이제는 K 문화가 세계를 점령하고 있다. 앞으로는 콘텐츠가 중요한 시대이다. 스토리가 있어야 관광객이 몰린다. 최근에 한국에 다녀오면 여기저기 힙한 카페들이 많다. 사진찍기 좋은 명소로 만들어 놓은 곳들이 많다. 그러나 스토리가 좀 부족하다는 생각이 든다. 유럽엔 스토리가 많다. 여러분들의 삶에도 스토리를 만들자.

슬픔의 역사, 카탈루냐

내가 방문한 바르셀로나는
카탈루냐 자치정부가 있다.
역사적으로 스페인과 다른
국가였지만 스페인 이사벨
1세와 프란코 왕(아라곤 왕
국)이 1714년에 결혼하면서
두 나라가 합쳐지게 된다.
언어도 카탈란이라는 언어
를 써서 스페인어와는 틀리
다. 스페인 사람과는 틀리게
더 성실하고 돈에 계산이 빠

그라시아 거리. 저 멀리 보이는 별 있는 모양의
카탈루냐 깃발

르다고 한다. 2017년에 카탈루냐 공화국의 독립 선언을 하였으
나 연방정부의 저지로 무산되었고 그때 당시 시위에 참석한 많은
지식인들이 체포되거나 망명했다. 넷플릭스의 다큐멘터리를 보
니 참 가슴이 아팠다.

특히 그라시아 거리를 걸으니 많은 카탈루냐 국기를 걸어놓은
집들이 많다. 그래서 특히 축구팀 바르셀로나와 다른 스페인지역
축구팀 경기가 있으면 거의 한일전 수준으로 임한다고 한다. 아
직도 그들의 독립에 대한 열망은 남아 있다. 일본 식민지를 당한
한국의 입장에서는 참으로 공감이 가는 이야기이다. 미국에 사는
미국 시민권자로 미국이 최강대국임을 실감하는 일들이 많다. 역
시 국가가 힘이 있어야 한다.

일+휴가=비즈케이션(Bizcation)

이번 10월 초에 바르셀로나를 방문한 것은 참 잘한 일이다. 보통 여름이 되면 관광객들은 많고 정작 바르셀로나 사는 현지인들은 다른 곳으로 휴가를 떠난다고 한다. 보통 나의 경우에는 남들이 휴가 가지 않을 때, 그리고 연휴가 아닐 때, 사람이 붐비지 않는 시기에 여행을 하는 것을 좋아한다. 사람이 많으면 호텔, 항공료도 비싸고 번잡함이 싫어서다. 프로들은 남들이 가지 않는 시즌에 다닌다.

나의 경우에 FDA 컨설팅을 하므로 전 세계가 나의 시장이다. 한동안 미국, 캐나다, 한국에 주로 고객들이 있지만 이제 애들도 거의 다 커서 이제는 전 세계 마케팅을 하려고 한다. 특히 유럽은 여행 겸 비즈

스페인 회사 방문 미팅 사진

니스를 하기 좋은 곳이다. 언제나 꿈이 먼저 시작되고 계속 시각화(비주얼라이즈, Visualize)하고 이루어진다. 요번 스페인 여행도 세계 지도 한 장으로 시작되었고 그것이 한 달 만에 이루어진 경우이다. 꿈꾸고 행동하라.

종소리 울림

호텔 옆에 성당에서 매 시간마다 '댕 ~' 하고 중후한 소리를 내면서 울린다. 마치 밀레의 '만종' 작품에서 저 멀리 들리는 종소리에 기도하는 것처럼 우리의 영혼을 깨우는 소리이기도 하고 뭔가 다시 시작하는 느낌의 리셋 버튼 같다. 우리의 번잡한 삶에도 중간중간에 성찰의 시간이 필요하고 리셋이 필요하다. 인생의 절반인 50세가 그렇고 일 년의 절반에서 하루의 절반에서 내가 잘 살고 있는지, 왜 사는지 돌아볼 때이다.

밀레의 만종

미국 사이즈 vs 유럽 사이즈

유럽을 여행하면 음식의 양이나 커리, 음료 등 사이즈가 작다. 미국의 음식량에 맞춰져서 살다 보니 위도 늘었나 보다. 한국에서도 식당에서 식사하면 왜 이리 양이 작은지, 키즈 메뉴인가 싶을 때가 많다. 비즈니스 미팅 시에도 밥 한 공기 먹으면 뭔가 허전하고 한 공기 더 시키자니 초면에 창피해 보이는 딜레마에 빠진다. 특히, 여기 스페인은 커피를 에스프레소로 많이 마시는데 아메리카노로 많은 양의 커피를 마시는 습관에 커피잔을 보면 너무 귀엽다는 생각이 든다.

그러나 여기서 적은 식사나 음료 사이즈를 접하다 보니 다이어트가 되겠다는 생각이 든다. 그러나 음식값이 미국보다 싸서 더 많이 여행 중 더 먹게 된다(무려 하루 4끼나!). 특히, 바르셀로나 지역에 음식들이 너무나 한국 사람들의 입맛에 잘 맞기 때문에 더 많이 먹는 경향이 있다. 미국은 물질이 너무 풍요로워서 뭐든지 다 크지만 지구에게는 큰 짐이다. 차 사이즈도 미국의 덩치 큰 픽업트럭을 보다가 유럽의 작은 차들을 보면 낯설다.

미국에 사는 나로서는 유럽이 양이 작은 게 아니라 미국이 너무 양이 많은 것이다. 일본도, 한국도 먹는 양이 적다. 자원 재활용하는 것도 그렇다. 미국은 거의 재활용 수준이 낮다. 유럽이나 한국만 봐도 환경에 엄청 신경을 쓴다. 미국은 땅이 넓어서 그런지 아직도 쓰레기 묻을 땅이 많아서 그런지 그다지 환경에 신경을 안 쓴다. 새삼 미국에

귀여운 콜라 사이즈.
한 세 모금 먹으면 없어지고 만다

사는 사람으로서 소비 문화가 정상이 아님을 느낀다. 적게 쓰는 미니멀리스트는 어쩌면 유럽인들이 더 잘한다. 미국에서 소로우의 '월든'이 나온 것은 후세에 소비물질주의를 겪을 후세 미국인

들을 위함이 아닐까….

개들의 천국

바르셀로나의 골목들을 걸으면서 수많은 개들을 보았다. 개들 또
한 산책을 하는 모습을 보니 우리 집에 있는 개, 둘리가 생각이 난
다. 우리 둘리는 동네 산책을 싫어한다. 미국의 동네를 걸으면 사
람 구경하기가 쉽지 않다. 그래서 사람들이 많은 쇼핑몰이나 바
닷가 산책하기를 좋아한다. 특히, 둘리는 산책할 때 기분이 좋으
면 '깽깽이'를 한다(다리를 엇박자로 해서 뛰는 것. 그래서 우리는 강아지
산책을 깽깽이라고 한다).

　둘리가 여기 왔으면 천국이었겠구나 생각을 한다. 미국에서 밥
먹고 산책하려면 동네 외에는 다 차를 타고 나가야 한다(우리 둘
리는 사람 없는 동네를 싫어한다). 바르셀로나는 언제나 개들이 산책
할 수 있는 산책의 천국이다. 산책을 많이 해서 사람들이 날씬하
다고 하는 사람도 있다. 미국 사람들은 많이 먹고 차 타고 다니니
살이 찔 수밖에 없는 구조이다. 그러나 스페인은 산책 자체가 운
동이다. 여기저기 볼 것도 많고 언젠가 우리 둘리랑 바르셀로나
에 오리라. 둘리야, 바르셀로나로 깽깽이갈까?

우리 둘리

시체스에서 만난 강아지

스페인 내전
헤밍웨이, 누구를 위하여 종을 울리나

예전에 20대 초에 헤밍웨이의 『누구를 위하여 종을 울리나』라는 소설을 좀 읽다가 말았다. 여행 중에 밀리의 서재 앱으로 다시 이 소설을 읽었다. 젊은 시절에는 스페인 역사에 대한 이해도 없었고 그냥 읽었더니 지루하기 그지없어 그냥 초반부에서 포기한 거 같다. 요번에 스페인 여행하면서 유튜브로 스페인 역사 공부도 좀 하였고 그중에 스페인 근대사에서 중요한 스페인 내전도 공부했다.

『누구를 위하여 종을 울리나』는 스페인 내전을 배경으로 하여 공화국 지지자들의 시민군이 다리를 폭파한 사건을 배경으로 한 스토리이다. 실제 헤밍웨이는 스페인 내전 때 참전했다. 당시에 지식인 중 많은 사람이 참여했고 조지 오웰과 헤밍웨이도 참전했다. 피카소 미술관에도 헤밍웨이와 조지 오웰의 책들이 기념품 가게에 있는 것으로 보아 많은 스페인 사람들의 존경을 받는 인물들임에 틀림없다고 생각한다.

대학 때부터 생각한 점은 지성은 행동해야 한다는 것이 나의 신념이다. 신앙인도 행동과 실천을 해야 한다. 그러나 세상은 립서비스가 너무 많다. 본인은 손을 쓰지 않으면서 훈수 두는 사람도 많고 불평은 많으면서도 본인은 개선을 위해 노력하지 않는다는 점이다. 반대로 생각 없는 사람들이 행동만 실천하는 것도 무서운 괴물이 될 수 있다. 그것이 직장이든 교회든 사회든 일반적인 현상이다. 존경하는 헤밍웨이와 조지 오웰, 생텍쥐페리는 행동하는 지성인이었다.

헤밍웨이의 사진, 스페인 내전 참전 시절

캘리포니아와 비슷한 점

내가 사는 캘리포니아는 스페인이랑 많이 닮았다. 캘리포니아는
처음에 스페인 땅이었고 그 담에 멕시코 땅이었다가 미국이 전쟁
을 해서 멕시코로부터 빼앗은 땅이다. 캘리포니아에는 도시나 거
리 이름에 스페인어가 많다. 내가 사는 도시도 스페인어이다(라
하브라, La Habra). 그리고 멕시코를 비롯한 중남미인들이 많이 살
기 때문에 스페인어가 많이 쓰인다. 나 또한 스페인어를 공부했

고 일에서도 많이 쓰다 보니 대충 알아듣는다. 이번 여행에 8일을 있었더니 스페인어 실력이 많이 늘어난 것 같다.

또한 지형 또한 닮았다. 바르셀로나와 밑에 소도시 무르시아(Murcia), 시체스(Sitges)를 가니 우리가 사는 퇴적층의 침식작용으로 인한 산들과 협곡들이 있고 날씨 또한 캘리포니아와 비슷하다. 지중해 기후라 그런가 보다. 스페인이 그래서 캘리포니아에 살던 사람들은 더욱 친근할 것이다. 한국에서는 영어 위주로 공부하니 스페인어는 먼 나라 이야기이다. 스페인어가 차라리 영어보다 쉬운 것 같다. 발음도 그렇고 단어의 종류도 심플한 것 같다.

시에스타의 나라
2:00-5:00p.m. 일 안함, 박물관도 낮잠 한판 때리고

스페인 여행을 하면서 무르시아(Murcia) 지역을 시간이 있어서 하루 돌았는데 오전에 박물관 돌고 점심 먹고 오후에 돌려고 했더니 보통 오후 2시에서 5시까지 문을 열지 않았다. 식당들도 그 시간에는 문들 닫는 곳이 많았다. 직장 다니는 사람들도 시에스타 시간이 있다고 들었다. 미국 사람들은 유럽 사람들, 특히 스페인 사람들이 게으르다고 한다. 그래서 못 산다고 하기도 한다. 맞는 말인 거 같기도 하고 아닌 거 같기도 하다.

나는 보통 집에서 일하기 때문에 점심 먹고 낮잠(시에스타)를 20분 정도 잔다. 컨설팅이라 집중적으로 단시간에 머리를 많이 쓰

므로 점심 먹으면 머리가 돌아가지 않는다. 한숨 자고 나면 머리가 한결 가볍다. 낮잠 자는 습관은 직장 다닐 때도 그랬다. 점심 먹고 꼭 10분 15분 자고 나면 에너지가 회복된다. 낮잠을 안 자면 오후에 일하는 게 고역이고 식곤증으로 고역이다. 나는 스페인 시에스타가 좋다.

우리가 현대화되면서 교통과 정보의 발달로 모든 것들의 시간을 줄여 놓았다. 하지만 우리는 과연 더 많은 시간을 누리고 사는가…. 더 많은 일을 하고 더 빨리 해야 하고 삶은 더욱 바쁘다. 무엇을 위해 바쁘게 사는지 멈출 시간이 없다. 그래서 우리에게는 한 번씩 안식이 필요하다. 가톨릭에서 쓰는 '피정'이라는 단어가 마음에 든다.

아들과 다시 헤어지며… 정 떼기 훈련

큰아들 조(Joe)는 올해 뉴욕의 대학에 들어갔다. 내가 집에서 일을 하기 때문에 애들하고 더욱 같이 붙어 있었다 보니 애 하나가 없어지니 마음의 빈자리가 크다. 지금도 가끔 구글 포토에서 올라오는 사진들을 보면 우리 가족 5명(강아지 둘리까지)이 어울려서 여기저기 많이 다녔다. 애들 키우는 것이 금방인 것 같다. 미국에서는 애들 키우는 것이 큰일이다. 한국에서는 초등학생 때부터 알아서 돌아다니지만, 여기는 고등학교 졸업할 때까지 애들 라이드를 해야 한다. 라이드한 시간만 따져도 족히 몇 년은 될 것이다. 그만큼 에너지가 많이 든다.

특히, 큰애는 영화를 전공해서 영화 관련된 얘기를 많이 주고받는다. 종종 이런 소재의 시나리오는 어떤지 얘기도 나누고 나름 지금까지 8편의 단편을 만든 큰애는 정말 영화 쪽에 센스가 있는 아이이다. 이민 생활에 획일적으로 돈만 벌기 위한 전문직이 되는 아이들을 선호하지만 나는 사람들을 행복하게 해주고 사람의 생각과 문화에 영향을 주는 영화감독이나 엔터테이너가 앞으로 더 영향력이 있는 일이라 생각한다.

약 2달 만에 큰애를 뉴욕 JFK 공항에서 만나서 바르셀로나 가는 비행기에 같이 탔다. 오랜만에 만나니 너무 반갑다. 이게 아버지의 마음일까… 나랑 우리 아버지는 사이가 그냥 그렇다. 내가 어릴 때는 아버지를 싫어했다. 나이가 들고 나도 아빠가 되면서 그나마 사이가 좋아졌지만 그렇다고 아주 살가운 사이도 아니다. 그러나 내가 아이들에게 이렇게 설레는 마음을 가지고 있는 것을 보면 이게 다 부모 마음이 아닐까.

바르셀로나에서 우리는 수많은 곳을 돌아다니며 이런저런 얘기를 했다. 여행 중간중간에 우연히 마주치는 장면이나 장소는 큰 기쁨이 되었다. 큰애가 카메라를 들고 여기저기 동영상과 사진을 찍으면서 흥분하는 모습을 보니 나도 흥분이 된다. 큰애는 여기 바르셀로나에 짧게 나랑 4일을 있었지만 여러 곳을 담은 동영상을 마지막 밤에 편집하더니 유튜브에 동영상으로 남겼다. 감각 있는 영상으로 동영상을 뚝딱 만드는 것을 보면서 역시 열정이 넘치는구나, 하는 생각이 들었다.

특히, 요즘은 그림 그리기를 취미로 한다. 박스 종이 위에다 그림을 그리는데 장 바스키아 비슷한 국민 학생 풍의 그림인데 자꾸 보니 빠져든다. 스페인에서도 고딕 지구를 걷다가 화방을 보고 자기 그림 그리고 싶다고 물감이랑 공짜 박스를 얻었다. 여행사 가이드 부부와 저녁 먹기 직전에도 바로 옆에 그림 파는 화가들 옆에서 박스를 놓고 유화를 그리기 시작하더니 15분 만에 3개를 그려와서 1개는 선물로 가이드 부부에게 준다. Joe는 요즘 자기 기숙사 방에 그 그림을 전시한다고 한다. 자기 그림을 사는 사람들도 있다고 한다. 뉴욕과 바르셀로나는 많은 영감의 도시이다.

오랜만에 쪼를 보니 너무 반가웠다. 쪼는 먼저 나와의 짧은 4일간의 여행을 마치고 뉴욕으로 돌아간다. 대학에 가서 오랜만에 4일을 밤낮으로 붙어 있다 보니 헤어질 때 더 아쉬운 듯하다. 바르셀로나 공항에 같이 체크인해서 출국 장소가 틀려서 식사 후 헤어질 때 미국행 방향은 에스컬레이터를 타고 올라 갔었다. 다시 껴안은 뒤에 헤어지는데 쪼도 그렇고 나도 그렇고 울컥하는 거 같아서 서로 빨리 등을 돌리고 돌아갔다. 사실 나만 울컥했는지도 모른다 - 조(Joe)가 여행하는 동안 좋은 친구처럼 나와 비슷한 취향으로 여기저기 같이 다녀서 너무 재밌었다.

쪼는 다음에 꼭 스페인에 다시 오고 싶다고 했다. 바르셀로나도 좋았고 시체스 영화제에 우연히 들린 것도 좋았단다. 다음에 유명한 감독이 되어서 시체스 영화제에 초대될 날이 오기를 기대한다.

조(Joe)와 바르셀로나 대성당 앞에서

오른쪽은 그림 그리는 조(Joe)

길 위에서 나를 찾다

비행기 연착과 오버부킹, 인생의 고난

요번 스페인 여행은 전반적으로 너무 좋은 음식과 장소, 사람들을 만나면서 더할 나위 없었다. 장소와 장소로 이어지는 여행 일정과 복잡하고 타이트하게 짜인 스케줄을 차질 없이 다녀서 너무 감사했다. 그러나 인생이 항상 좋은 날만 있던가.

일을 보러 무르시아(Murcia)에 갔다 와서 바르셀로나에 오는 길에 비행기를 두 번이나 못 탔다. 바르셀로나에서 뉴욕 경유 비행기 타는 시간까지 합치면 거의 48시간 동안 걸려서 LA에 도착한 셈이다. 처음 무르시아(Murcia)에서 알리칸테(Alicante)로 갔을 때 바르셀로나로 가는 비행기가 오후 8시 55분이었다가 좀 있으니 연착이라고 전광판에 떴다. 처음에는 1:40이라고만 적혀 있어 1시간 40분 늦는 걸로 생각하고 있었는데 그 시간이 지나도록 보딩은 안 되었고 알고 보니 새벽 1시 40분에 출발한다는 얘기였다. 거의 5시간 연착이다.

몸이 너무나 피곤해서 급하게 알리칸테(Alicante)역 근처 호텔에 잡았다. 바르셀로나의 호텔은 취소가 안 돼서 돈을 날렸다. 그리고 내일 아침 제일 빠른 비행기인 오전 9시 비행기로 예약했다. 새벽 1시 40분으로 연기된 비행기는 그냥 비행기표 값만 날린 셈이다(그나마 국내선은 비행기표 값이 저렴함). 근처 호텔서 잔 다음에 아침에 다시 알리칸테(Alicante) 공항으로 왔는데 이번에는 오버부킹(Overbooking)으로 자리가 없다지 뭔가.

그다음 12시 비행기를 타야 한단다. 여기 알리칸테(Alicante) 도시에서 거의 하루를 보내는 느낌. 며칠 전에 날씨 좋던 바르셀로나서 알리칸테(Alicante) 공항에 도착하니 천둥번개가 치고 난리여서 담날 아침에 일정 변경해서 무르시아로 하루 당겨서 가기도 했다. 알리칸테는 나랑은 안 맞는 도시인가 보다. 비즈니스 손님과도 희한하게 자꾸 꼬이는 손님이 있다. 사람 관계도 어떤 사람하고는 내가 노력해도 안 되는 경우가 있다. 이럴 때는 그냥 렛잇고(let it go) 모드로 빨리 잊어야 한다.

원래 바르셀로나 아침에 와서 미국에 돌아가는 저녁 비행기 전까지 바르셀로나서 좀 더 구경하려는 계획은 수포로 갔지만, 그래도 공항서 이 글을 쓰게 된다. 인생의 고난의 총량은 어디 가지 않는다. 다만, 선한 일에서 고난받는 일이 더 유익하다는 믿음은 변함없다. 그래도 큰아들과 소중한 4일의 바르셀로나 여행과 나머지 출장으로 무르시아에서 보낸 며칠이 너무나 소중한 추억이다. 인생은 고난과 기쁨이 섞여 있고 비빔밥같이 섞여 있어야 제맛이다. 항상 단맛만 나는 인생도 지루하지 않겠는가.

에필로그

여행 다녀와서 비행기에서 쓴 초고를 다듬던 중에 다시 11월에 인도네시아 출장이 잡혔다. LA에서 인도네시아 고객사까지 비행기를 3번 갈아 타야 한다. 마침 비행기 갈아타는 곳이 일본 도쿄라 돌아오는 길에 낮에는 잠깐 동경을 나가서 데이투어(Day Tour)를 하려는 중이다. 다시 또 동경 유튜브 보면서 공부 중이다. 예전에 동경에 2번가서 특별히 새로움은 없지만 이번에는 그냥 동네 골목을 걷고 싶다. 한국에도 익선동이나 북촌 같은 옛날 동네를 꾸면 만든 곳이 재미가 있고 영감이 있다. 요번에 동경도 그런 곳에 구경하고 싶다.

그리고 더 중요한 것은 여행 후에 내가 사는 곳이 낯설어 보이는 것이 좋았다. 이곳이 지루해서 떠났는데 여기가 낯설고 감사한 느낌. 그리고 내 옆의 사람들에게 감사한 마음이 든다. 김우중 회장을 존경한다. 나에겐 아직 '세상은 넓고 할 일은 많다.'

스페인 산티아고 순례길 편

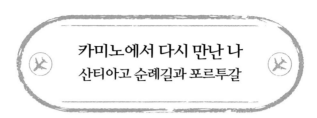

카미노에서 다시 만난 나
산티아고 순례길과 포르투갈

유튜브 동영상 시청
https://www.youtube.com/
watch?v=UY96vPxO304

느닷없이 웬 산티아고?

작년부터인가 갑자기 유럽 여행이 가고 싶었다. 그동안 비즈니스를 시작한 지도 6년이 되어 가고 교회에서 하는 사역들(소그룹 리더, 난민 봉사, 지역 사회팀)과 아이들 키우느라 보냈던 시간(큰애는 작년에 뉴욕으로 대학을 가고 현재 둘째만 11학년)에 일상이 지겹기도 하고 지치기도 하였다. 그래서 작년에 세계 지도를 사서 방에다가 붙여놓고 가고 싶은 나라들을 적기 시작하였다. 얼추 30곳의 나라들이 나왔다. 리스트를 지도 위에 붙이고 죽기 전에 가보기로 마음을 먹었다. 예전에 내가 대학 다니던 90년대 초에 해외여행이 자유화되면서 많은 대학생이 배낭을 메고 유럽으로 떠났다. 그때 나는 집안 형편이 넉넉하지 않아서 유럽을 못 가본 것이 한으로 남게 되었다. 언제 유럽을 가보나….

우연히 작년 10월에 스페인에 비즈니스 출장이 생겨서 뉴욕에 있는 큰아들을 데리고 바르셀로나서 4일을 보낸 후에 나머지 3일은 비즈니스를 보았다. 꿀맛 같은 망중한과 아들과의 좋은 여행이었다. 다녀와서 11월에는 인도네시아 출장을 다녀오고 잠깐 도쿄에서 비행기 레이오버 시간을 이용해 한나절 사찰과 미술관을 보고 스시까지 먹고 오는 망중한도 얻었다.

그래도 그걸로 부족하다. 요즘 나이가 50에 들어서니 - 미국나이로 올해 9월에 50세가 되었다. - 50 블루인지 마음이 허하다. 그렇다고 내가 열심히 살지 않아서가 아니라 나름 열심히 살았는데 그냥 누군가의 책임감으로 또는 남들의 요구로 열심히 살고 있지 않나 생각이 들면서 나는 무엇인가라는 혼동이 들면서 사춘기 같은 마음이 들었다. 그리고 육체도 예전 같지 않음을 느꼈고 여성 호르몬이 나오는지 드라마나 사소한 것에 마음이 울컥하다.

나의 인생을 돌아보고 주변에 사람들의 인생을 돌아보면 참 허무하다는 생각이 든다. 내 의지대로 사는 게 아니라 어쩌다 여기까지 흘러온 경우가 많다. 10대에는 대학에 가기 위해 열심히 공부했고 20대에는 취직 또는 나의 커리어, 결혼을 위해서, 30대는 아이들 키우고 먹고살기 위해, 40대는 집을 사고 아이들 대학 보내기 위해서 살아온 것이다. 그나마 나는 둘째가 이제 11학년이니 내년에는 아이들로부터 해방이다. 결국 50년은 나의 의지가 아닌 그냥 세상이 살아가는 관습에 내 인생도 흘러온 것이다.

보통 사람들이 다 그렇지 않은가…그러다가 남자들은 50대에 회사서 은퇴하고 - 한국의 경우 - 사회적 수명이 다해 그 뒤에는 나머지 인생을 고민해본 적이 없어서 그냥 시간만 흘려보내다가 노년에 하는 것 없이 늙어 죽는 것을 기다리는 사람들을 많이 본다. 나는 몇 년 전부터 다단계 인생의 삶을 준비하고 있다. 교육 - 돈 벌기 - 은퇴로 끝나는 것이 아니라 교육 - 돈 벌기 - 세미(Semi) 은퇴 - 재교육 - 돈·취미 활동 등으로 미리 세미 은퇴하되 삶의 활동 영역을 다양하게 키우려고 한다. 평소 책 읽고 글 쓰는 것을 좋아하는 나는 그동안 9권의 책을 냈으며 현재 두 곳 신문에서 칼럼을 쓰고 있다. 또 하나는 여행 관련 글과 영상들을 만드는 것이며 현재 하고 있는 봉사활동(난민, 홈리스, 장애인, 재소자 등)의 사역도 병행하는 것이다. 그리고 앞으로도 내가 좋아하는 일들을 계속 찾고 의미 있는 일들을 하기 위해 노력하고 있다.

한 번의 인생을 겨우 하나의 직업으로 먹고사는 것으로 끝내는 것이 아니라 한 번의 인생에 여러 가지 일들을 넣고 싶다. 인생을 풀리스트(Fullest)로 사는 것이 목표이며 이것이 신이 우리에게 숨겨놓은 보물들이다. 나는 성경에서 가장 중요한 문구를 뽑으라면 요즘에는 성경에 게으른 종 이야기이다. 사람마다 숨겨놓은 자신의 재능이 발견되지 못하고 썩으며 그것도 자신을 위해서만 쓰다가 많은 결실을 보지 못해 나중에 하나님이 심판하는 이야기인데 재능을 허비한 종에게 게으른 종이라 하면서 덧붙여 악하다고 하였다. 하나님이 숨겨둔 보물(달란트)을 나와 남을 위해서 찾지 않고 허비하는 인생은 악하다. 인생의 전반 50년을 돌아보고 나머지 50년을 어떻게 살지 까미노에서 다시 생각하는 것이 좋을 것 같았다.

최근에 유튜브 여행 비디오를 많이 보는 편인데 어쩌다 까미노 길이 나와서 보기 시작했는데 나도 가면 좋을 것 같다는 생각이 들었다. 보통 한국에서는 나이 드신 분들이 은퇴하시고 다녀오거나 젊은 사람들이 많이 가는 것으로 알려져 있다. 최근 내가 아는 지인도 은퇴 후 다녀오셨는데 너무 좋다고 하셨다. 나도 결혼 후에 아직 혼자 출장 외에는 혼자 여행을 다녀온 적이 없다. 와이프도 내가 작년에 까미노 얘기를 처음 꺼냈을 때는 그냥 장난삼아하는 줄 알았고 나 또한 뜬금없이 간다고 물어볼 때부터 허락해주지 않을 거라 생각하고 얘기를 꺼냈다.

그러나 작년 말에 비즈니스는 바빴고 - 참고로 나는 식품공장과 식품수입회사로부터 식품 FDA 관련 컨설팅을 한다. - 보통 연말에 한숨 고르며 가는 시간을 가졌는데 너무 바빠 그런 시간을 가지지 못해서 쉼이 필요했다. 그리고 교회 관련된 사역들도 여러 개 있었고 올해 50이 되는 마당에 물결에 휩쓸리듯이 돌아가는 삶을 정지 시키고 혼자만의 시간을 가지고 싶었다. 마침 교회에 셀그룹 멤버 중에서도 가고 싶어 하시는 분들이 계셔서 적극적으로 저의 까미노 계획을 지지해 주셔서 와이프의 허락을 받을 수 있었다.

준비가 어쩌면 더 즐거울 수 있다

와이프 허락 후에 산티아고 길의 공부를 하기 시작했다. 모든 종교마다 순례하는 코스가 있다. 불교에서 오체투지 하는 것도 보았고 무슬림도 메카로 일 년에 한 번씩 성지 순례하는 것이 그들의 꿈이다. 일본에도 사찰 순례하는 코스가 있고 한국에는 종교

상관없는 제주 올레길 순례도 있다. 기독교 순례로는 산티아고 순례길, 예루살렘 성지순례, 로마로의 3대 순례가 유명하며 그중에 산티아고 순례길은 예수님의 제자인 야고보가 순교 후 시신이 묻힌 곳(산티아고 데 콤포스텔라)으로 역사적으로 천년이나 되는 유서 깊은 순례길이다.

산티아고 길은 여러 길로 나뉜다. 보통 사람들이 제일 많이 오는 프랑스 길은 800km가 넘는다. 보통 5주 정도는 시간을 잡아야 한다. 그래서 은퇴한 분이나 젊은 분들이 많이 가는 것 같다. 나의 경우에는 아직 일을 하므로 그러지는 못하고 약 10일의 여정(금토일월화수목금토일월)으로 잡았다. 그중에 실제 걸을 날을 약 7일 정도로 예상하고 리서치를 시작했다.

유튜브를 뒤져보면 한국의 젊은 유투버들이 올린 영상들이 무지 많다. 보통 프랑스 생장에서 시작하는 경우게 99%이다. 마지막 끄트머리인 사리아에서 목적지인 산티아고 데 콤포스텔라까지가 약 100km가 되는데 여기를 보통 5~6일 정도로 걷는 일정이 시간이 없는 분들이나 나이 드신 분들에게 알려진 코스이다. 그러나 검색하다 보니 포르투갈 포르투에서 시작하는 길이 있었다.

포르투에서 시작해도 약 230km는 걸어야 하는데 그 코스도 2주는 잡아야 한다. 약 1주일 코스로 줄여서 포르투에 도착해서 어느 지점까지는 기차나 버스 타고 이동해서 거기서부터 걸어서 가는 코스로 공부하기 시작했다. 프랑스 길 사리아는 나중에 더 형편이 되면 생장에서 시작하는 800km를 언젠가는 할 거라 생각했기 때문에 포르투갈 길로 시작하는 것이 낫다고 생각했다. 그리고 포르투갈 제2의 도시인 포르투는 예쁘기로 소문난 도시여서 그동안 수많은 유튜브 동영상을 봐왔는데 언젠가는 한번 가고 싶은 도시기도 해서 포르투에서 시작하기로 했다.

준비물은 뭘 가져가야 하나

까미노를 위해서 이제는 장비도 슬슬 하나씩 구해야 한다. 유튜브에서 공통적으로 하는 얘기는 짐이 적어야 한다는 것이다. 자기 몸무게의 10%가 좋다고 하는데 나의 경우면 약 9kg 정도? 보통 옷도 여벌 1개씩 준비하여 매일 빨아서 입는다고 한다. 그리고 잘 마르는 타입의 티셔츠가 좋다고 한다. 평소 골프를 즐기는 나로선 골프웨어가 적격이다. 양말은 인진지(Injinji)라는 일본 트래킹 전문 양말을 구매했다. 발가락 양말 라이너에 덧양말 구조이다. 2켤레를 사서 매일 빨아서 말렸고 안 마르는 경우 대부분 백팩에 주렁주렁 매달아 가면서 말렸다. 내가 완주하는 동안 발가락 물집이 생기지 않게 한 1등 공신이다.

그리고 판초(우비, 백팩까지 커버하는)를 샀고 경량의 슬리핑 백을 샀다. 알베르게(호스텔)에서 간혹 베드버그(빈대)가 있는 경우가 있다 하여 준비하라고 해서 샀는데 나는 한 번도 쓰지 않았다. 사립 알베르게나 호텔에서 잤기 때문에 침낭은 필요 없었고 첫날 숙소에 그냥 두고 왔다. 그 무게 하나 줄이는 것만 해도 하늘 날 듯이 가벼웠다. 그리고 트래킹화를 샀고 배낭은 40L 짜리 경량 방수 백팩(이름 없는 싼 거) 샀는데 아주 훌륭하게 잘 썼다.

바지는 트래킹용 등산복인데 방수이고 바람이 잘 통하는 바지

내가 경찰인 줄 알고 관광객들이 길 물음. 포르투갈 포르투에서

배낭 사진

인데 여행 내내 입었다. 그리고 숙소에서는 츄리닝 바지를 입었고 슬리퍼로 숙소에서 신고 다녔다. 그리고 날씨가 아침에 춥다고 하여 파타고니아 경량 패드 점퍼와 골프 칠 때 입는 플렉스하고 가벼운 재킷을 입었다. 골프 재킷이라 파란 줄무늬가 있어서 까미노길에서 친구들이 멀리서 나를 찾을 수 있는 장점이 있었고 관광지인 포르투에서는 사람들이 나를 경찰로 오인하는 웃지 못할 해프닝도 있었다.

준비운동은?

평소 미국에 있으면 운전으로 다니기 때문에 많이 걷지 않는다. 집에서 일하는 나로서는 하루 3~4천 보 정도 걸을까? 강아지 산책으로 그나마 그 정도이다. 일단 트래킹화도 길들이고 배낭도 메어가며 실전처럼 동네에 하이킹 트레일을 일주일에 2~3번씩 걷기 시작했다. 1시간 정도씩 걸었고 언덕을 오를 때는 무릎이 시렸다. 그래서 무릎 보호대도 구매하여 시도했는데 훨씬 나았다. 그리고 예전에 큰애 보이스카우트 때 사놓은 지팡이도 사용했는데 언덕을 오를 때나 내려올 때 훨씬 무릎에 무리가 가지 않아서 좋았다. 지팡이의 경우에는 비행기에 실지 못하므로 보통 현지에서 구매를 추천하여 현지에서 구하기로 했다.

그리고 예전 젊은 시절 군대 훈련소에서 야간행군 40km를 생각하며 까짓것 이 정도야. 하는 마음도 있었고 20대 때 검도로 다진 몸이라 특히 다리도 나름 튼튼해서 큰 걱정은 하지 않았다. 한국에 출장 가더라도 보통 하루에 2만 보 정도는 걷는데 힘들지는 않았으니까.

D-일주일

일 때문에 바쁜 일상이었다. 막상 시간이 다가오니 내가 까미노를 가나 싶을 정도로 다른 일상들로 바빴다. 대충 포르투갈 길 여정도 짜 보았고 대충 현지 가서 나머지 숙소들을 잡기로 했다. 첫 포르투 호텔만 예약을 하였고 나머지는 현지에서 컨디션 보며 정하기로 했다. 보통 내가 여행할 때 반은 계획을 세워놓고 반은 현지에서 우연히 발견한 장소나 이벤트의 세렌디피티를 좋아하기 때문에 너무 치밀하게 짜지 않는다.

막상 출발이 다가오니 약간 긴장이 되었다. 내가 바쁜데 굳이 시간과 돈 들여가며 가야 하나 되려 의심이 들었다. 주변에 까미노 간다고 알렸기에 주변에 사람들이 무지 궁금해한다. 내 주변에는 실제 다녀온 사람들이 없기 때문에 궁금한가보다. 보통 까미노를 간다 하면 두 가지의 부류로 사람들이 나뉜다. 너무 가고 싶다는 사람과 거길 왜 가냐는 사람. 캠핑 좋아하고 와일드한 여행이 체질에 맞는 사람은 까미노를 너무 가고 싶어 하지만 편한 여행을 즐기는 사람은 까미노를 싫어한다. 누가 맞고 틀리고의 문제는 아닌 듯하고 각자의 취향이다. 보통 한집에도 부부가 둘 다 까미노를 좋아하는 경우는 드문 것 같다. 우리 와이프도 편한 호텔을 가고 쇼핑하는 타입이지 굳이 힘들게 고생하며 걷는 이런 여행은 싫어한다.

여행 일주일 전에는 최악으로 설사병이 나서 먹은 것 설사하고 속이 계속 메슥거리는 증상이 생겼다. 음식을 잘못 먹었는지 아니면 일 때문에 받은 스트레스인지 모르겠으나 평소 소화력 좋은 나로서는 당황스러웠다. 일주일 내내 음식도 죽 같은 자극 없는 음식을 먹었고 조금만 먹어도 속이 더부룩했다. 식중독 증상같이 몸도 좀 쑤시고 으슬으슬했다. 하필 까미노를 앞두고 몸이 망가지다니… 좋은 컨디션으로 가도 될까 말까인데 못 먹어서 해롱거리며 가서도 이럴까 봐 걱정이 되었다. 다행히 출발 이틀 전부터 속은 진정되어 갔다.

아무튼 동네방네 소문을 낸 터라 이제는 안 갈 수도 없다. 나는 남들이 안 해본 것을 해보는 것을 좋아한다. 그리고 살면서 하고 싶은 것은 바로 실행하는 스타일이다. 어차피 인생 버킷리스트 중에 들어 있는 것 중 하나라면 지금 지워 버리자. 최근에 유튜브에 인생을 살면서 후회하는 것이 뭐냐고 시니어들에게 인터뷰하는 동영상이 있는데 대부분 젊을 때 여행 못 한 것과 하고 싶은 것 못 한 것이다.

시간이 있으면 돈이 없고 돈이 있으면 시간이 없고… 평생 탓하다 인생이 끝날 수 있다. 모두가 돈을 좇고 명예를 좇고 권력을 좇고 살지만 목적이 나를 노예로 만든다. 돈의 목적이 선하지 않으면 내가 돈의 노예로 된다. 특히 미국에서 생존 트라우마로 다들 돈의 노예로 살기 십상이다. 그냥 저스트 두 잇(Just Do It)! 나는 남을 돕는 선한 일이든 나를 위해 하는 일이든 생각나면 바로 해야 직성이 풀린다. 내일은 없다. 오늘 죽더라도 후회 없는 삶을 위해 까미노로 고고(Go Go)!

3월 31일 금요일. 자, 출발!

아침에 우버를 불렀다. 우버 기사 다린은 부모님들이 자메이카에서 이민을 온 이민 2세이다. 정유 공장서 기술자로 일하는데 취미로 그림 그리고 운동화 커스토마이즈(Customize)도 한다고 한다. 얘기하는데 너무나 순수하고 자신이 하는 예술에 재미를 느낀다. 우리 둘째도 예술 계열을 배운다며 여러 이야기도 나누었고 너는 좌뇌/우뇌 같이 쓸 수 있는 달란트가 있어서 축복받았다고 얘기해 주었다.

나도 공대(화공과) 출신이지만 사실 문과 쪽이 더 적성에 맞는 것 같았고 지금은 식품 쪽 일도 하지만 글도 쓰는 아마추어 작가이다. 요즘은 좌뇌·우뇌를 다 쓰는 사람이 필요하다. 통합하고 통섭할 수 있는 능력과 창의성이 중요하다. 다행히 우리 아이들은 나의 영향으로 자유로운 영혼으로 커서 둘 다 예술적인 소질이 있다(큰애는 영화, 둘째는 미술. 둘다 음악/미술 다 소질 있고 큰애는 글도 잘 쓴다). 우버 기사 다린은 2년 전 세례를 받고 열심히 교회를 다닌다고 했다. 나 또한 결혼하고 교회를 나가고 내 인생 돌이켜 보면 내 계획보다 하나님의 계획과 사랑하심이 크다고 얘기했고 서로 축복하며 헤어졌다. 출발부터 좋은 만남으로 시작하니 기분이 좋다.

요즘은 챗GPT 때문에 난리다. 웬만한 대답은 잘 정리해준다.

글도 써주고 그림도 그려주고 음악도 만들어준다. 그러나 아직 인간의 창작보다는 정교하지 못하다. 이미 인간이 만들어 놓은 콘텐츠를 조합하여 답을 주기 때문에 내가 콘텐츠의 원 창작자라면 AI를 이길 수 있다. 나의 경우에도 미국 식품법 관련 책이나 칼럼들, 블로그 글들이 많기 때문에 나의 콘텐츠를 다른 사람들이 인용해 쓰는 경우가 많다. 챗GPT를 잘 활용하는 것은 좋은 일이나 우리가 여기에만 의존하였을 때 또다시 알고리즘의 노예가 될 수 있으므로 내용이 맞는지 검증할 수 있는 능력과 나만의 콘텐츠를 만들 수 있은 창의성은 점점 더 중요한 능력으로 떠오를 것이다.

런던서 환승

금요일 저녁에 도착한 나는 아침 11시에 런던 히드로(Heathrow) 공항에 도착했다. 포르투로 가는 비행기는 스탠스테드(Stansted) 공항이라서 다시 이동해야 하는데 다음 비행기 시간이 7시라 아직 몇 시간이 남아서 런던의 명소들을 방문 후에 다음 공항으로 이동하기로 했다. 런던은 처음이라 영화에서만 보던 빅 벤, 런던아이, 타워브리지, 버킹엄 정도는 봐줘야 할 것 같았다. 공항에서 퀸 엘리자베스 익스프레스(Queen Elizabeth Express) 기차를 타고 패딩턴 역에서 내려서 히스로 공원을 가로질러 버킹엄궁-빅 벤-런던아이-타워브리지를 걸었다. 대략 4시간은 걸은 것 같다. 미리 까미노 연습도 할 겸 다리가 묵직할 정도로 걸었고 워밍업에 좋았다.

템스강 주변엔 토요일이라 많은 런던 사람들과 관광객으로 붐볐다. 같은 영어권인데 뭔가 틀린 것 같다. 여기저기 관광명소는 사실 봐도 별 감흥이 없다. 하도 사진에서 영화에서 본 터라… 되려 벼룩시장이나 사람들 사는 동네가 더 신기한 듯하다.

우버를 잡고 스탠스테드 공항으로 향하였다. 우버 기사는 마이클이라는 백인인데 아주 친절했고 전형적인 영국 발음을 사용했다. 발음이 신기하기도 했지만 그래도 거의 다 알아들을 수 있었다. 나보고 런던은 처음이냐, 어디 가느냐 물었고 까미노에 걸으러 간다고 답했다. 그리고 내가 올 9월에 50이 되어서 뭔가 인생에 기억에 남을 선물을 나에게 주고 싶어서 산티아고 순례길에 나섰다고 했다. 마이클은 다음 주에 40이 된다고 한다. 너는 네 인생 40이나 50되면 뭘 가장 하고 싶냐고 물었더니 자기는 파티하는 게 좋단다. 자기 집 좁은데 파티에 친구들 오면 한 백명은 온다나… 이 친구는 결혼을 일찍 해서 아이들이 대학생도 있고 중학생도 있고 그렇다. 애들 키우는 얘기, 정치 얘기, 세상 돌아가는 얘기를 나눴고 얘기하는데 마음이 잘 통했다. 헤어지면서 까미노길 잘 걸으라 격려도 해주었고 무사히 공항에 도착했다.

그러나 공항에 도착하니 포르투행 비행기는 오후 7시에서 8시 20분 출발로 연기되었다. 예전에 스페인서 로컬 비행기가 수시로 연착되고 심지어 다음날 출발로도 바뀌는 사태가 있어서 트라우마가 있다. 공항에서 시간은 남고 어젯밤 비행기에서 잠을 잘 못자서 몸은 너무나 지쳐 있었다. 공항 구석에 벤치에 몸을 누이고 잠시 눈을 붙였다. 벌써 순례가 시작이 되는 듯….

길 위에서 나를 찾다

포르투

포르투에 거의 11시에 도착했다. 공항에서 택시를 타고 호텔로 이동했다. 택시 운전사 아저씨는 영어를 전혀 못 하셨고 나도 포르투갈어는 그냥 인사 정도만 안다. 호텔에 도착했는데 카드는 안된다는 것이다. 아뿔싸… 공항서 피곤하여 환전도 하지 않았고 시내에 환전소에서 해야지 생각했기 때문이다. 그나마 있던 달러는 안되냐고 물으니 안된다는 것이다. 손짓, 발짓해 가며 어떻게 카드는 안되냐고 얘기했지만 계속 현금으로 달라는 것이다.

호텔 리셉션니스트에게 환전소가 있냐고 물어보니 지금은 자정이라 다 닫았다 한다. 내 카드는 현금인출도 안 해봐서 비밀번호 세팅도 해본 적이 없다. 여기저기 다른 호텔도 돌아다녔으나 말짱 허사. 돌아오니 다행히 옆에 택시 아저씨가 카드 머신으로 결제해주고 수수료 더 붙인다고 하여 그렇게 하라고 하고 결제를 했다. 금요일부터 시작된 여행은 거의 2일 동안 잠도 못 자고 마지막에 택시 소동으로 하루가 마무리되었다. 호텔에 체크인하니 오느라 수고했다며 리셉션니스트가 타르트와 포르투산 와인(매우 담. 주스 같음)을 주었다. 휴…무사히 도착이니 씻고 자야지.

다음날 눈을 떠서 환전소로 향했다. 일요일이라 환전소를 연 곳이 많지 않은데 구글맵서 몇 곳을 찾아 가까운 곳으로 향하였다. 그러나 어렵게 찾아간 곳은 환전은 안 되고 그냥 송금만 된다나. 그래서 가까운 쇼핑몰은 열었을 수도 있다며 가보란다. 걸어서 또 30분을 걸었다. 이왕 까미노 걸을 건데 워밍업도 해야 하

니 흔쾌히 걸었다. 쇼핑몰에 환전소는 다행히 열어서 유로로 환전을 했다.

그리고 까미노 순례자 여권(크레덴셜, Credencial)을 받으러 포르투 대성당으로 향했다. 대성당 앞에는 많은 순례자들이 이미 줄을 서고 기다리고 있었다. 나는 줄 서는 것을 싫어하는 타입이라 먼저 성당 주위를 둘러보려 했다. 그런데 사람들이 서 있던 줄이 잘못된 곳에 서게 되었고 성당 안내자는 거기가 아니고 저기라고 한다. 나는 순간적으로 빨리 그쪽을 향해 걸어서 운 좋게 1등으로 순례자 여권을 받을 수 있었다. 기분이 좋았다. 순조로운 순례를 위한 신호 같았다. 인생에 안 풀렸다 생각되었던 일들도 돌아보면 전화위복이 된 경우가 허다하다. 그리고 이러한 사소한 운들은 얼마나 많은가. 인생에 허비된 시간과 일들은 없으며 때론 이러한 조그마한 운들이 나를 살아가게 하는 동력이다.

오늘 온라인으로 주일 예배를 시차 때문에 한국에 살 때 다니던 친정교회 설교를 들었다. 마침 설교 제목이 '예수님과 함께 걸으라'인데 순례를 앞둔 나의 상황에 맞는 내용이었다. '걷는 것이 기도다'라고 하시며 그 목사님은 걸으면서 하는 기도를 좋아한다고 하셨고 예전 교회에서도 성도들을 조용한 숲속을 걸으면서 기도하게 하는 시간을 가지도록 했다고 했다. 나도 평소 강아지 산책하면서 책을 보거나 많은 생각들을 하거나 조용히 기도하는 적이 많다. 6일에 걸쳐 얼마나 많은 시간 동안 나는 생각과 기도를 할까 생각하니 다시 한번 기대가 되었다.

상벤투스역으로 향했다. 아줄레르 양식의 대표적인 건물이다. '아줄레르'란 '작고 아름다운 돌'이라는 아랍어에서 유래한 말로

위쪽은 상벤투스역, 아래쪽은 알마스 교회

타일에 파란 문양으로 새긴 것이 특징이다. 포르투갈이 무슬림에
의해 지배받던 시절 받아들여진 문화로 너무 화려하진 않지만 소
박하고 섬세한 느낌이 든다.

포르투의 대표적인 명물은 동루이스 다리이다. 에펠의 제자 테
오빌 세이리그가 설계한 다리로 에펠탑의 철골 구조를 특징으로
한다. 투박한 듯하면서 묘한 끌림이 있는 다리이다. 한 폭의 그림
처럼 강의 양옆을 그림처럼 잇는 다리이고 수많은 사람들이 걸어
서 이 다리를 건너며 풍경을 즐긴다.

강의 양옆에 빼곡히 놓인 오래된 집들은 각각 다른 컬러로 아
기자기하게 늘어서 있다. 포르투갈의 대표적인 노란색 전차는 많
은 관광객들이 타고 다닌다. 맥도날드 또한 고풍스럽고 귀여워

동루이스 다리

길 위에서 나를 찾다

보인다. 강을 끼고 들어선 빨간 지붕의 집들은 너무나 아름다운 한 폭의 그림이다. 일부러 이러한 풍경을 만들려고 일부러 이렇게 집들 색상을 디자인한 건지 우연인지 모르겠다. 한국의 우후죽순 생긴 주택가를 보면 이들의 미적 감각이 부럽다.

시내를 돌아다니다가 산티아고 순례길 표지를 처음 발견하였다. 보통 순례길은 노란색 화살표로 되어 있는데 아직 노란 화살표는 보지 못했으나 까미노 지도를 본 것은 처음이다. 너무나 반가웠다. 이제 내일부터 걸을 생각을 하니 기대 반 걱정 반이다. 잘 걸을 수 있을까.

길 위에서 나를 찾다

호텔 앞 공원에서 많은 사람들이 앉아 있거나 누워 있다. 다리 다리도 아프고 누워서 쉬었다. 하루만에 쳐다보는 하늘이었다. 잠시 휴대폰 앱으로 책도 읽었다. 산티아고 순례길 책 중에 포르투갈 길로 가는 한효정 씨의 '지금 여기 포르투갈' 책도 읽고 샤를 페펭의 '만남이라는 모험' 책도 읽었는데 여기서 읽으니 쫙쫙 흡수가 된다. 너무나 공감이 되고 나를 생각게 하는 책이다.

Day 1 카민하 — 사오 파드로(Sao Padro), 25km

시차 때문에 한숨도 못 잤다. 첫날은 그나마 조금 잤는데 어제는 낮잠을 잠시 잤더니 밤에 정신이 말똥말똥하여 잠을 이루지 못했다. 보통 시차 때문에 요즘은 멜라토닌을 먹는데 깜빡하고 가져오지 않았다. 첫날 걸어야 하는데 큰일이다. 일단은 씻고 급하게 나왔다. 포르투에서 카민하까지 가는 기차를 탈 예정이었다. 기차표는 미리 예매하지 않았다. 구글로 보니 상벤투스역에서 기차한 정거장을 가서 다른 역에서 카민하까지 갈 예정이었다.

그런데 상벤투스역에서 표를 끊으려 하니 매표구는 시간이 너무 일러 열지 않았다(새벽 5시 반에 감). 키오스크에서 끊는데 포르투갈어라 뭔 말인지도 모르겠고 구글 번역기 앱으로 봐도 제대로 번역도 안 된다. 몇번을 버벅거리다가 안되겠다 싶어 첫차는 놓칠 거 같아서 아예 갈아타기로 한 기차역까지 택시를 타고 가기로 하고 역 옆에 있던 택시를 타고 갔다. 겨우 갈아탈 역에 도착했는데 기차는 3분 뒤 떠난다는 것이다. 겨우 차표를 끊어서 플

새벽 상벤투스역

랫폼으로 뛰어가는데 약간 헤매다가 겨우 찾아서 갔더니 막 기차
는 떠나고 기차 문은 닫혔다. 아뿔싸….

결국 까민하까지 택시나 우버를 타기로 하였다. 그러나 포르
투갈서는 우버로 택시가 잘 잡히지 않았다. 'Bolt'라는 앱을 깔아
서 겨우 택시를 타고 약 1시간 걸려서 까민하에 도착하였다. 어
제 잠도 못 잤는데 기차표 못 끊어서 버벅거리고 택시를 타고 다
른 역 갔는데 간만의 차이로 기차를 놓치기까지. 벌써 피곤이 몰
려온다….

택시에서 내리고 첫 화살표를 발견하였다. 이제 여정의 시작이
구나… 열심히 시작해보자. 아침 공기도 상쾌하였다. 다리 하나
를 걷는 것으로 시작했다. 헉… 왜 이리 찬 바람이 부는지, 뼛속

까지 냉기가 들어온다. 택시서 그나마 졸다가 갑자기 다리 위를 걷는데 현타(현실 자각 타임)가 온다. 아…. 장난이 아니겠구나… 그래도 나를 앞지르고 가는 첫 순례자들 발견하고 기뻤다.

첫 순례자 뒤를 따라가다 카페 들리는 것을 보고 따라 들어갔다. 커피 한 잔을 시켜서 먹었다. 보통 에스프레소를 먹기 때문에 처음에는 너무 써서 못 마셨는데 여정 내내 먹다 보니 이제는 조그만 에스프레소가 입에 적응이 되어 갔다. 그래도 포르투갈과 스페인의 커피값은 싸다. 75전이나 1유로 정도이다. 그리고 조그

길 위에서 나를 찾다

동네 묘지와
동네 예배당에서 뜨는 해

만 빵과 같이 주기 때문에 매번 같이 먹는 맛이 일품이다. 빵 좋아하는 나로서는 앞으로 순례해도 뱃살은 안 빠지는 주범 중 하나인 것 같다.

다시 길을 걷는다. 동네 묘지도 지나친다. 그 뒤에 스페인서도 그렇고 묘지가 동네마다 있다. 예쁜 관에 저마다 꾸미고 싶은 문구나 장식들을 하고 돈 있는 사람은 좀 더 큰 공간에, 돈 없으면 작은 공간에 만들어 놓는다. 마을 중간에 있어서 그냥 삶과 죽음이 함께 하는 공간이며 다시금 죽음을 연상케 하여 '메멘토 모리(죽음을 기억하라)'를 상기시킨다. 누구나 죽음 앞에 평등하다. 우리는 과연 죽음 앞에 후회가 없는가. 내가 이번에 이 길을 걷는 이유기도 하다.

내 50세 인생을 돌아보면 나름 실패와 좌절도 있었지만 많은 것을 이루었고 훌륭한 가족과 친구, 나름 남을 위해서도 사는 인생을 살고 있다. 내일 죽는다고 해도 여한이 없다. 행복을 내일로 미루지 말라. 50세 지나면 인생은 누가 먼저 갈지 모른다. 내일을 위해 너무 미루지 말라.

오늘은 약 20km를 걸으려고 예상했다. 이는 구글맵으로 보는 최단 걷는 거리이고 실제로 순례길의 화살표로 걸으니 25km가 되는 길이었다. 생각보다 더 걸어야 하는 것을 여기 와서 알았다. 그리고 오기 전에 내가 가고 싶은 만큼 가고 대충 근처에서 자면 되는 줄 알았더니만 그게 아니라 어느 정도는 걸어야 마을이 나오기 때문에 내 맘대로 정할 수도 없었다. 멘붕이었다…. 커피 마시고 본격적으로 까미노길을 걷는데 계속 조그만 마을을 지그재그로 언덕길을 오르락내리락했다. 전날 잠은 못 자고 슬슬 배고

프기 시작했다. 식당 구글맵에서 찾으니 다들 12시 이후에 오픈한다. 겨우 한곳을 찾아서 갔더니만 1시에 오픈한다나….

　여기 포르투갈과 스페인 사람들의 식사 시간은 한국과 다르다는 것을 새삼 여기 와서 알았다. 나야 아침에 빵과 커피(8시 정도), 점심은 12시, 저녁은 6시경(예전엔 5시)에 먹는다. 그러나 여기 사람들은 아침에 커피 한 잔(7~8시), 12시에 스낵 같은 커피타임, 점

겨우 발견한 식당서 첫 끼 식사

심은 2~3시, 저녁은 8~10시에 먹는다. 까미노 내내 식사 시간 타이밍이 맞지 않아 고생하게 된다. 그래서 결국은 매일 4끼를 먹었다는….

가도 가도 식당은 나오지 않았다. 도저히 힘들어서 안 되겠다. 마침 체코에서 온 순례자 아줌마를 만났는데 자기는 힘들어서 강길을 따라서 직선으로 갈 거라 한다. 나도 그래서 까미노길을 포기하고 구글맵으로 직선거리로 식당을 찾아가기로 했다. 여기서 중요한 것은 순례자 여권에 하루 2개 이상의 스탬프(포르투갈어로 깜브리오, 스페인어로 세요)를 받아야 하는데 보통 순례자 길이 아니면 도장을 찍어 주지 않는다.

어제 잠도 못 자고 꼴딱 새고 아침도 못 먹고 출발한 데다 순례자 길을 오전 7시부터 걸었으니 얼마나 배가 고픈지…. 겨우 식

동네 부활절 기념 토끼 인형

당을 찾아 도착하니 마침 문 연 곳이 있다. 오전 11시 40분경에 걸은 지 4시간 40분 만에 식당을 찾아서 밥을 먹었다. 맛있게 밥을 먹고 에너지를 찾아서 다시 걷기 시작했다. 그러나 몸은 이제 더 무거워지고 어제 잠을 못 자 식곤증까지 온다. 아직 반 밖에 못 왔는데 눈이 자꾸 감긴다. 예전에 군대 훈련소에서 야간 행군을 하면 졸면서 걸은 기억이 있는데 일부 훈련병들은 졸다가 논으로 고꾸라지기도 한다.

계속 구글맵으로 첫날 알베르게(호스텔)까지 최단 경로로 걷기로 정하니 큰 도로가 나온다. 단점은 차 매연을 마시며 걸으니 머리가 띵하다. 식곤증인지 매연중독인지 분간이 안 된다. 자꾸 눈은 감기고 다리는 쑤신다. 평소에 왼쪽 무릎이 많이 걸으면 아팠는데 어제부터인가 오른쪽 무릎 뒤에 종아리 윗부분이 부어서 걸을 때마다 통증이 느껴진다.

돼지가 너무 귀여워 '돼지, 굿보이~'라고 인사했다

평화로이 풀 뜯는 양들

첫날부터 오른쪽 다리가 아파서 결국 여정이 끝날 때까지 약간 절룩거리면서 걸었다. 첫날부터 컨디션이 최악이다. 앞으로 산티아고까지 걸을 생각을 하니 앞이 캄캄하다. 다리가 터져 버릴 것 같은 느낌을 이해한다. 어느 산티아고 유튜브를 보다 다리가 터질 것 같다는 표현을 쓰길래 그냥 그런가 보다 했는데 그 표현을 이해한다. 다리가 퉁퉁 부어서 폭발할 것 같은 느낌….

첫 알베르게에 도착하여 수영장에 발을 식히며

약 3만 5천 보를 걸었고 약 25km를 걸었다. 숙소는 벙크 베드로 되어 있고 처음에 2층 자리를 주었는데 내가 절뚝거리는 모습을 본 주인아주머니가 다른 1층 자리로 바꿔 주셨다

중간에 우버를 타고 숙소까지 갈까 하는 생각이 들어서 우버앱을 열었다. 그러나 아예 시골을 걸으니 근처에 운전자가 없단다. 다른 앱인 Bolt도 마찬가지. 택시도 보이지 않는다. 아…결국 숙

고양이 안고 있는 분이 호스탈레로(주인)인 아나,
그 옆이 스페인에서 여행 중인 아발

독일에서 온 스테판. 얼마 전 회사를 그만두고 자전거로 여행 중이라 한
다. 착한 친구인데, 항상 배고프다고 한다. 원래 직장 그만두면 항상 허기
지지

소까지 걸어야 하는구나… 오른 다리는 계속 절룩거리며 걷고,
중간에 카페라도 나와야 하는데 카페도 잘 안 보이고… 내가 왜
여기 왔을까… 나는 누구… 여긴 어디… 겨우 힘을 내어 천천히

길 위에서 나를 찾다

맛나게 코스 요리로 차려주신 알베르게 순례자 메뉴. 정말 맛있다

저녁 식사를 같이 한 순례자 친구들. 앞에 커플은 샌프란시스코에서 온
커플로 제주 올레길 이야기를 했더니 다음엔 한국도 오고 싶다고 한다.
남자인 조(Joe)는 우리 큰애 이름과 같으며 여행잡지사 작가이다. 여친
리즈(Liz)는 간호사

절룩거리며 걸었다. 동네 조그만 바에서 콜라로 기운을 충전하고
한참을 걸어서 첫 알베르게(호스텔)에 도착했다.

알베르게 주인인 안나는 선생님으로 일하고 은퇴하여 남편과 알베르게를 운영한다고 한다. 본인 또한 까미노를 몇 차례 다녀오고 너무 좋아서 아예 포르투에 집을 팔고 알베르게를 운영한다고 한다. 첫날 내가 다리도 절뚝거리고 너무 힘들다 푸념하니 위로의 말들을 해주었다. 처음 며칠은 당연히 힘이 든다고. 그리고 내가 랩탑 컴퓨터를 들고 공용 식사룸에서 일을 하니 놀라는 모습이다. 까미노에서 일을 할 수 있냐며…. 내가 상황을 설명했다. 나 또한 집에서 일하는 장점은 있지만 반대로 언제나 고객들에게 연결되어 있다.

생각해보면 자유로이 여행도 하면서 할 수 있지만 카톡, 이메일로 고객들의 요구사항에 대응해야 한다. 컨설팅 업무 성격상 대답하는 일은 직원을 시킬 수가 없다. 나 또한 이 부분이 제일 큰 숙제이다. 그동안 6년은 잘 해왔지만 어느 순간에 번아웃이 올 수 있기 때문이다. 아무튼 최대한 까미노 기간에는 일을 삼가려 한다. 급한 것들 아니면 돌아와서 처리하기로 마음을 먹는다.

Day 2 사오 파드로(Sao Padro) — 오포니뇨, 25km

밤새 잘 자질 못했다. 공용숙소라 다른 사람 코 고는 소리도 들리고 요즘은 나 또한 코를 골기 때문에 혹시 내가 코를 골까 걱정도 되었다. 아직 시차가 적응이 되지 않아서 쉽사리 잠이 오지 않는다. 오기 전에 시차 적응을 위해 다음에는 멜라토닌을 꼭 가져와야지. 아침 식사를 알베르게에서 하고 상쾌한 출발을 하였다. 들판에 꽃들이 너무나 아름답게 피어 있었다. 봄철이라 길을 걸으며 여기저기 핀 꽃들을 보면서 걸을 때면 마음이 힐링된다. 들에 핀 꽃들도 돌보시는 하나님인데 우리 인간의 삶도 돌보시는 하나님을 되새기며 걷게 한다.

여전히 오른쪽 무릎 뒤의 인대가 퉁퉁 부어서 시작부터 절룩거린다. 피로는 풀리지 않고 또 걸으려니 오늘 하루도 쉽지 않겠구나 생각이 든다. 한 시간 정도를 걸으니 카페가 나와서 커피 한잔을 한다. 이제 조그만 잔에 나오는 에스프레소 커피가 제법 입에 맞는다. 카페는 알베르게도 겸하고 있었고 주인 아저씨는 6년째

알베르게를 운영하고 있다고 했다. 자기 또한 까미노길을 걸으며 이 쪽 포르투갈 쪽은 여정이 짧아서 시간이 없는 분들이나 나이드신 분들이 많이 오고 가이드겸 같이 걸을 때가 많다고 한다. 카페에 붙여진 사진들 사이로 한국말로 된 기념품들을 보여주며 한국인 순례자들이 기념으로 놓고 간 수첩과 책갈피를 보여주었다. 커피값 잔돈은 가지라고 했더니 조그만 돌맹이를 선물로 준

　　　　　　　길 위에서 나를 찾다

다. '행복한 여정이 되라'는 포르투갈어란다. 저 돌맹이 촉감이 좋아서 계속 바지 속에 넣고 다녔다. 여정 끝날 때까지 맘의 평안을 주는 돌이다.

드디어 발렌카(Valenca)라는 포르투갈 국경 마을에 도착했다. 마을이 아기자기하게 귀엽다. 부활절 주간이라 교회 안에는 예수님의 고난을 받는 십자가 모형이 있었다. 특히, 고양이들이 많이 보인다. 까만 고양이가 햇빛에 몸을 녹이면 졸고 있다. 그 풍경이 너무 평화롭다. 평소 고양이는 좋아하지 않았는데 우리 강아지 둘리를 키운 후에 고양이도 좋다. 고양이, '굿 보이~'

포르투갈과 스페인 사이에 예전에 있었던 성벽을 지난다. 포르투갈은 스페인에 지배도 받았었고 작은 나라이다 보니 한국과 일본 사이처럼 스페인과는 그다지 좋은 사이는 아닌 것 같다. 성벽

길 위에서 나를 찾다

도 이중으로 설치하여 스페인의 침략에 대비하는 것을 보면 예전 역사가 느껴진다.

　성벽을 나오자 스페인으로 넘어가는 다리가 보인다. 다리를 건 너가니 바람이 너무 세고 차갑다. 모자가 벗겨질 정도로 바람이 세차다. 그러나 다리 위에서 보는 강의 풍경은 평화롭고 아름답다. 카약을 타는 사람들이 보인다. 이윽고 다리를 건너니 스페인 첫 마을인 뚜이(Tui)가 보인다. 포르투갈과 스페인은 EU 회원국이라 별도의 국경검문소도 없다. 이렇게 쉽게 국가 간 경계를 넘으니 실감이 안 난다.

스페인의 갈라시아(Galicia)라는 주는 뚜이 뿐만 아니라 앞으로 내가 도착할 산티아고 데 콤포스텔라(Santiago de Compostella)가 위치한 주이다. 스페인도 나름 나라가 커서 여러 개의 주로 나뉘어 있으며 Galicia 지방은 스페인 북부 지방으로 예전에 켈트족이 영국에서 넘어와서 살기 시작했다고 한다. 날씨도 북부지방은 약간 영국 날씨처럼 변덕스러우며 지역방언과 문화, 음식이 남부 지방과는 사뭇 다르다고 한다. 처음으로 갈리시안 지방 이름이 적힌 까미노 이정표를 보니 반가웠다.

국경 마을 뚜이로 들어섰는데 오른쪽 다리 통증이 심했다. 배고 고팠다. 일단 까미노길에서 벗어나 구글맵으로 최단 거리와 식당이 있는 곳을 찾아보았다. 식당이 보통 12시나 1시 이후에 열므로 문을 여는 식당이 없다. 시간이 12시 좀 안 되었는데 계속 큰 찻길을 따라 걷다가 우연히 로컬 동네 식당을 들어갔더니 마침 식사가 된다고 하였다. 까미노길이 아니라 주인아저씨는 영어도 못 하신다. 나름 아는 스페인어 단어로 식사가 되냐고 물어봤다. 메뉴판 주는데 오늘의 메뉴를 시켰다. 약간 오므라이스 비슷한 소스에 계란 두 장인데 입에서 녹았다. 난 그게 다인 줄 알았는데 그건 애피타이저고 그 뒤에 닭다리와 감자튀김이 또 나와 배불리 먹었다.

TV를 보니 부활절을 맞아서 예수님의 실제 돌아가신 모습을

재현한 뉴스를 보았다. 너무 실제 같아서 깜짝 놀랐고 소름이 끼친다. 관념적인 예수님이 아니라 실제 저렇게 처참하게 고문당하시고 돌아가셨다니… 고통이 느껴진다. 가끔 옛날 크리스천들 보면 험악하게 순교 당한 것들, 그리고 역사적인 위인들이 위대한 일을 하고 고문당했을 때 내가 그들이라면 그렇게 당당할 수 있을까 많이 고민해 본다. 예수님 33세, 안중근 의사 32세, 윤봉길 의사 24세. 다들 나보다 한참 어린 나이에 큰일을 하다 돌아가셨다. 윤동주 시인이 죽을 때가 27세인데 그분이 참회록에서 참회를 하셨는데 그 어린 나이에 무슨 참회할 죄가 그리 많을까라는 생각이 들면서 나는 50세가 되는데 너무나 참회할 게 많아 부끄

럽다.

죽음을 두려워하지 않는 그분들처럼 내일 죽어도 후회 없이 대담하게 선한 일을 하다가 죽고 싶다. 요즘은 100세 인생이니 120세 인생이지 하지만 사실 의미 없이 오래 사는 게 무슨 의미가 있을까 생각이 든다. 평생 힘들여 돈 벌고 돈 벌면 은퇴하고 은퇴하면 소극적으로 죽는 날을 기다리는 삶의 패러다임은 우리의 의지가 아니라 시스템이 만들어 놓은 프레임이다. 진리가 너희를 자유케 할지니….

다시 힘을 얻어서 걷기 시작한다. 다시 까미노길 사인도 찾았다. 언덕이 나오자 이어폰을 꼽고 노래를 듣는다. 이번 여정에 몇 곡의 꽂힌 노래가 있는데 그중에 하나는 지오디(GOD)의 '길'이다. 전에도 좋았지만 가사를 음미하고 들으니 마음에 팍팍 꽂힌다. 50 즈음에 내가 가는 길이 맞는지 다시 돌아보고 그 길이 맞는지 다시 한번 생각하게 하는 까미노가 될 것 같다. 이즈음에서 노래 유튜브로 들으면서 가사를 음미해 보시라. 나는 '앞만 보고 달려왔다'라는 말을 좋아하지 않는다. 방향이 중요하기 때문이다. 잘못된 방향으로 평생 살고 나중에 후회하는 사람들 많이 봤다. 지금이라도 옆도 보고 뒤도 돌아보는 것이 나머지 반평생을 제대로 살게 하는 힘이다.

잠시 카페를 들러서 커피 한잔 할 의도로 쉬었다. 카페서 나와 마가렛이란 필리핀 아줌마를 만났고 프랑스 까미노길을 몇 년 전에 걸었고 이번에는 포르투갈 길을 걷는다 했다. 그리고 카페에서 마가렛 아줌마랑 한참 떠들고 있던 케빈이라는 아일랜드 아저

씨를 만났다. 그분은 군대에서 20년 정도 근무하고 지금은 레저 쪽에서 일을 한다고 했다. 이분도 몇 년 전에 프랑스 까미노길을 걸었고 너무 좋아서 요번에는 포르투갈 길을 걷는다 했다. 이분은 프랑스 까미노길 이후에 그 길의 감격을 잊지 않으려고 왼 팔뚝에 산티아고 데 콤포스텔라 성당과 조개 껍질에 노란 아오라를 타투로 새겼다고 한다. 얼마나 까미노가 좋으면 타투를 할까.

케빈이랑 한참을 얘기했다. 보폭이 빨라 내 발은 통증이 느껴졌지만 얘기하며 걷느라 통증도 잊고 제법 빠르게 그분과 발을 맞췄다. 나 혼자 걷다 보면 지쳐서 포기하고도 싶고 주저앉고 싶을 때 까미노에서 만난 친구들이 도움이 된다. 얘기를 하다 보면 고통이 잊히고 상대의 보폭으로 따라가게 되어 고통스럽게 혼자 걸을 때보다 나을 때가 있다. 그러다가 상대하고 어느 정도 얘기하고 나도 상대와 보폭이 안 맞으면 익스큐즈(Excuse)를 구하고 먼저 가라든지, 먼저 가겠다고 하고 쿨하게 '부엔 까미노(Buen Camino, '좋은 까미노길 되세요'란 스페인어)'라고 다시 헤어지는 것이 까미노길의 법칙이다.

인생 속에도 때론 혼자 때론 같이 할 때가 좋을 때가 있다. 인생은 혼자 가는 것이지만 그렇다고 인간은 혼자 살 수 없다. 그렇다고 나 자신을 잃고 타인의 무리 속에서만 같이 사는 것도 좋지 않은 것 같다. 나 자신을 바라보고 성찰하는 것도 중요하다. 그러면서 타인과의 만남을 통해서도 인간은 성장하고 완전하게 설 수 있다. 나는 사람들과의 만남도 좋아하고 나만의 시간도 좋아한다. 어떤 사람들은 MBTI로 사람을 분류하기 좋아하는데 나는 별로 MBTI를 좋아하지 않는다. 내가 나 자신도 모르는데 남이 나

잘못 들어선 산업단지길. 땡볕에 더워서 쓰러지는 줄

프랑스에서 온 아저씨

를 평가하는 것이 싫고 나를 만드신 하나님이 제일 잘 아시는 분이기 때문이다.

어쨌든 나는 새로운 사람 만나는 것도 너무 좋아하고 때론 혼자 생각하고 책 읽고 글 쓰고 하는 것도 좋아한다. 양면성이 있는 것이다. 이번 까미노에서는 익숙한 것들과 이별하고 오로지 나와 대면할 수 있어서 좋았고 또한 낯선 이들과 만나는 것도 좋았다. 낯선 이들과 만나서 금방 속을 터놓고 다 같은 인간이구나 하는 생각이 들었다. 되려 미국에서 한인들 틈에 파묻혀 여기가 미국인가 싶을 정도로 우물 안 개구리처럼 살았는데 내가 코스모폴리탄처럼 세계 속에 존재하는 나라고 생각하니 시야가 넓어진 것 같다.

케빈 아저씨와는 헤어졌다. 케빈 아저씨는 50대 중반인데 엄청난 속도로 걷는다. 나는 오른발 종아리 뒤쪽이 부어올라서 보폭을 맞출 수가 없다. 한참을 예쁜 숲속 길을 걸었다. 그늘이 있어서 좋았고 그 옆에는 맑은 시냇물이 흘러서 물소리를 들으며 걸었다. 어느 정도 가자 갈림길이 나왔다. 노란 화살표가 양쪽으로 향한다. 왼쪽은 약간 더 긴 길이고 오른쪽은 약간 짧은 직선거리라고 한다. 내 앞에 사람들 무리는 왼쪽을 향했다. 나는 보통 청개구리 기질이 있기 때문에 남들이 안가는 오른쪽으로 가보기로 한다. 그러나 함정이었다. 오른쪽 길로 가자 이윽고 산업단지를 지나는 길이 나왔고 끝없는 직선 길에 그늘 하나 없는 삭막한 길이었다. 시간대가 오후 2시라 태양은 너무나 뜨거웠고 절뚝거리는 다리로 걸으려니 너무 고통스러웠다. 저 끝없는 산업단지길을 거의 1시간 이상 걸은 것 같다. 물은 거의 떨어지고 물도 미지근

해서 마셔도 갈증이 가시지 않는다.

겨우 걸어서 중간에 마을 카페에 들어서 콜라 한잔으로 휴식을 취하고 드디어 한참을 걸어서 숙소에 이르렀다. 1인실 호스텔이었고 거기서 호텔 필그림 메뉴로 저녁을 먹는데 프랑스에서 온 아저씨를 만나서 자리를 합석하여 같이 저녁 식사를 하였다. 이 아저씨는 첫날이라고 한다. 프랑스 북부에 릴리라는 지방에서 왔는데 엔지니어라 한다. 이분도 2권의 소설책을 냈다고 한다. 나도 9권의 책을 낸 아마추어 작가라 했더니 너무 흥미진진해하신다. 우리는 서로 자신들이 낸 책들 이야기, 신앙 이야기, 인생 이야기를 하면서 맛있는 저녁 식사를 하였다. 헤어지면서 '부엔 까미노'를 기원하며 무사 완주하기를 기원하였다.

예수님의 두 제자처럼 대화하며 걷는 이탈리아 친구들

길 위에서 나를 찾다

Day 3 오포니뇨 — 폰테베드라, 22km

3일째가 되니 마음과 몸이 조금씩 적응해 가는 것 같았다. 그래도 여전히 오른쪽 종아리 뒷부분은 여전히 붓고 당긴다. 오전에는 그래도 걸을 만하지만 오후가 되며 더욱 절룩거리면서 걷게 되어 걱정이다. 상쾌한 기분에 길을 나선다. 스페인은 포르투갈과 같은 경도인데도 한 시간 시차가 있어서 해가 8시나 되어 뜬다. 그래서 7시 반경에 출발해도 어둡다. 출발할 때 4명의 그룹이 앞에 있었다. 눈인사만 하고 나는 그들과 거리를 두고 걸었다. 내 다리 상태가 안 좋으니 항상 사람들이 나를 지나쳐서 앞으로 가는 경우가 대부분이다.

한 시간을 걷다 보니 4명의 그룹과 다시 마주쳤다. 한 명은 포르투갈서 온 헬레나, 한 명은 독일서 온 워너, 두 명은 이탈리아에서 온 마태오와 니코이다. 이들은 앞으로 여정 중에 거의 우연히 길에서 매일 마주치게 되는 친구이다. 마지막에는 같이 산티아고

포르투갈서 온 헬레나, 독일서 온 워너

달팽이도 산티아고 길을

여벌 옷과 양말이 한 켤레라 밤새 한 빨래가 마르지 않으면 배낭에 매단다.
주렁주렁 매달고 다니면 햇빛에 마른다

내 모습이 무슨
미국 국립공원 직원 같은 포스이다.
앞으로 내 프로필 사진으로
쓰려고 한다.
누군 모던 모세라고도

　　　　　길 위에서 나를 찾다

걷다 보면 이정표나 표지석에
돌들이나 기념할 물건들을 올려놓는다.
자신이 방문한 기념 또는
부엔 까미노를 위해서 남긴다

올라갈 때는 끝도 없이 올라가더니
내려갈 때 전망은 너무 좋다.
인생의 어려운 언덕과
내리막의 순탄함이
우리 인생의 굴곡을 떠오르게 한다.
영원한 오르막도 내리막도 없다고…

까지 걷게 되는 까미노로 이후 베프가 된다. 그중에 헬레나는 배낭 짐이 무거워 보인다. 침낭도 경량이 아니라 뚱뚱한 침낭을 배낭 위에 매달았다. 다리도 아픈지 절룩거리며 걸었고 독일 친구인 워너가 옆에서 격려를 하면서 걷는다. 이탈리아 두 친구는 둘이서 걸음이 빨라 약간 앞에서 걷는다. 이 친구들 둘이 보면 얘기를 하는 모습이 꼭 예수님의 제자 둘이서 걷는 그림이 연상된다.

헬레나를 보면 마치 달팽이 같다. 발이 아파 몸은 뒤뚱거리면서 걷고 짐은 무거워 보인다. 내가 며칠 걷다가 보면 나보다 느리게 걷는 사람들 중에 손꼽는다. 그래서 까미노길에서 헬레나를 보면 반갑다. 나보다 느리게 걷는 사람을 보니 위안을 받는다. 그러나 교훈을 얻는다. 영어 격언에 'Slow and steady win the game'이라고 인생은 속도가 아니라 꾸준함, 인내, 방향이다. 헬레나는 잘 쉬지도 않는다. 자기가 속도가 늦으니 천천히 쉬지 않고 걷는다. 내가 길을 걷다 포기하고 싶을 즈음에 신기하게도 헬레나 일행을 마주쳤고 나한테는 큰 위로와 힘이 되었다.

헬레나는 25살이라고 하는데 리스본에서 'Make a Wish'라는 비영리 단체에서 일하고 있다. 전에는 간호사로 일했지만 간호사보다는 지금 일이 더 좋다고. 주로 저소득층, 불우 환경 아이들의 조그마한 소원을 들어주는 일을 하는 단체라고 한다. 나도 역시 미국에서 홈리스들 봉사(잡 멘토링), 난민 봉사(정착 지원), 재소자 단체 지원, 장애 단체 지원 등의 봉사를 한다고 했더니 너무나 반가워했다.

워너는 독일서 IT 관련 일을 하는 프리랜서이다. 45살이라고 한다. 독일 사람답게 여러 가지 큰 주제로도 얘기하였다. 그 뒤

브라질에서 온 친구. 비행기 조종사이며 예전에 LA에서도 잠깐 살았다고 한다. 너무 반가워서 한참 이야기하며 걸었다

폰테베드라 기차역

폰테베드라는 조그만 항구도시
로 예전에 로마 시대 유적들이
많이 남아 있다

길 위에서 나를 찾다

마침 폰테베드라 미술관이 숙소 근처라 오후에
약간 휴식을 마치고 미술관 관람

옛날 순례자의 모습이다. 지팡이에
물 호리병, 성경책을 들고 다녔나 보다

미술관 4층. 조그만 카페에서 본 하늘과 지붕들이 아름답다

길 위에서 나를 찾다

스페인서 자주 먹는 하몽(햄). 다리를 슈퍼에서 매달아 파는 풍경이 낯설지만 맛있다

에 만난 독일 사람들을 보면 역시 관념적이고 추상적인 큰 주제로 얘기하는 것을 좋아한다. 내가 관심 있어 하는 4차 산업, 미래학 등에 대해서 같이 이야기하였다. 과연 기술이 발달하면 인간의 역할은 무엇일까. 점점 기술이 인간의 영역을 대체하면 생산요소로서, 소비 주체로서의 인간의 역할은 줄어든다. 결국 놀이하는 인간, 예술하는 인간, 그중에 내가 생각하는 것은 남을 돕고 의미를 만들어 가는 인간(내 책에선 '호모 부스터'라 함)이 미래의 인간형이 될 것이다. 그중에 의미를 못 찾고 소외되는 인간들은 그저 우울한 현실을 잊고 가상현실에서 - 영화 '레디 플레이원'처럼 - 살 것이다.

내리막길 전경이 좋아서 사진을 부탁했다. 브라질에서 온 친구인데 비행기 조종사란다. 대기업 회장, 임원들 자가용 비행기를 몬다고 한다. 예전에는 LA에서도 잠깐 살았다고 한다. 와이프는 현재 이탈리아에서 어학연수 중인데 까미노길 끝나고 이탈리아로 간다고 한다. 우리는 한참을 같이 걸으며 얘기했다. 그의 아버지는 브라질에 큰 랜치(농장)에서 소를 키운다고 한다. 유지 아들인가 보다. 오포니뇨에서 폰테베드라까지는 거의 40km나 되기 때문에 중간에 레돈델라라는 곳에서 기차를 타고 폰테베드라까지 가기로 결정하였다. 그래도 오늘 얼추 25km는 걸었고 3만 4천 보는 걸었다. 그와 헤어진 뒤에 나는 기차에 몸을 실었다.

Day 4 폰테베드라 — 칼라스데이, 25km

4일째 되니 이제 시차도 적응되고 몸이 좀 풀렸다. 오늘은 간만에 푹 잤다. 시계 알람을 맞추고 자지 않아서 처음으로 7시 넘어서 일어났다. 간혹 내가 몸이 피곤하면 꾸는 악몽이 있는데 대학을 졸업 못 하는 꿈이다. 나는 대학 입학 후 적성이 맞지 않아(화학공학 전공) 그다지 학점에도 신경 쓰지 않았고 제대 후에는 변리사 시험 준비로 몇 년을 공부했다. 대학 4학년 마지막 학기에는 수업 듣기도 공부하기도 너무 싫어서 겨우 미니멈 학점으로 졸업했다. 간혹 요즘도 그 트라우마 때문인지 몸이 피곤하면 그 꿈을 꾼다. 간혹 어떤 남자들은 다시 군대 입대하는 꿈을 꾼다는데 나는 졸업 못 하는 꿈이라니….

아침에 시작은 강을 건너는데 다리가 너무 예뻤고 해 뜨는 모습은 더욱 아름다웠다. 며칠 까미노길을 걷는 동안 이 새로운 환경과 낯선 사람들과의 만남은 나의 틀을 깨주는 좋은 도구가 된다. 그리고 며칠 걷다 보면 여기서 만난 친구들 사이에 네트워크가 형성되어 내가 누구를 만났는데 알고 보니 내가 만났던 친구이기도 하고, 또 어떤 사람들은 처음 보는 사람인데 '네가 Jay니, 네 얘기 많이 들었다'라고 말하기도 했다. 나름 캘리포니아에서 온 Jay Lee가 이 까미노길에서도 알려졌나 보다. 인간이 사회적 연결할 수 있는 사람의 수를 '던바수'라 하는데 이 길에서는 한 다리는 건너면 다 아는 커뮤니티가 된다. 결국 마지막에 이르면 걷는 거리가 비슷하기 때문에 길에서 마주치게 되는 경우가 많다.

나도 얘기하는 것을 좋아하다 보니 만나는 사람들과 인사하면 자연히 대화로 이어지고 이런 이야기, 저런 이야기를 한다. 포르투갈 길에는 거의 아시안이 없다. 나는 아시안이지만 또 미국 캘리포니아 산다고 하면 더욱 흥미롭게 본다. 그래도 한국인이면서 미국 사람이라는 게 자랑스럽. 특히 남가주에 살면 그래도 사람들에게 개방적이고 호의적인 분위기가 내 몸에 녹아있고 항상 교회나 단체서 리더나 남을 환대하는 역할을 하다 보니 까미노길에서도 젊은 친구들에게 좋은 삼촌이나 형처럼 대할 수 있는 것 같다. 길 위에서 우리는 평등하고 하나다. 정치색, 종교, 인종을 떠나서 모두가 까미노길을 걷게 하면 세계 평화가 오지 않을까 하는 생각이 든다.

그리고 미국에서는 항상 영어를 네이티브처럼 하지 못해 주눅 드는데 여기 오니 미국 사람들 빼곤(많이 없음) 내가 영어를 제일 잘한다. 영어를 잘하는 친구들도 있지만 보통 발음이나 문장도 길게 구사하는 친구가 많이 없다. 그러니 모처럼 자신감 있게 말이 술술 나온다. 역시 용의 꼬리 보다는 닭의 머리가 좋다.

다리 저편에 해 뜨는 모습이 그림 같다

길 위에서 나를 찾다

마을마다 있는 빨래터를 보면 옷을 벗고 뛰어들고 싶다

셰퍼드를 많이 보는데 사람들에게 엄청 짖다가 내가
'굿 보이'하거나 중간에 까까(과자)를 주면 꼬리를 흔
든다. 댕댕이 아빠라 개들도 알아보는 듯

까미노길 표지석에 남은 킬로미터 표시를 보면서 남은 거리를 알지만 어떨 때는 숫자가 더디게 가다, 거의 다 와서는 숫자가 줄어드는 게 너무 아쉽다

또 만난 헬레나 일행

카페에서 개가 배를 쓰다듬어 달란다. 역시 과자의 힘은…

오늘도 목적지까지 무사 도착, 약 25km를 걸어 3만 5천 보 달성

Day 5 칼라스데이 — 파드론, 22km

아침에 눈이 일찍 떠졌다(오전 5시경). 어제 사둔 컵라면을 먹으려
하는데 호텔 식당이며 리셉션도 7시에 연다고 한다. 그래서 화장

실에 뜨거운 물로 컵라면에 부어서 불려 먹었다. 약간 뿌글이처럼 불은 면 느낌이지만 한식을 한 번도 못 먹었기 때문에 맛은 꿀맛이다. 국물 한 방울 남김없이 원샷하니 속이 풀린다. 이제 걸을 에너지 장전이다. 할 것도 없고 오늘은 일찍 출발하기로 한다. 6시 정도에 출발하는데 해는 8시간 뜨니 2시간 동안은 껌껌한 길을 걸어야 한다. 집에서 머리에 끼는 캠핑용 플래시 라이트를 안 가져온 것을 후회하며…(사실 교회 집사님이 빌려준다 했는데 그냥 괜찮다며 두고 왔다).

마을을 지나 들판에 이르니 불빛이 하나도 없는 칠흑 같은 밤이다. 휴대폰 플래시를 켜도 전방 1~2미터밖에 보이지 않는다. 그야말로 귀곡산장 분위기이다. 까미노를 나타내는 노란 화살표 표식도 보이지 않는다. 앞뒤로 까미노길에 나선 사람들도 없다. 그야말로 나 혼자다. 가다가 구글맵을 켜려고 잠시 멈춰서 핸드폰 앱을 만지작거리는데 발밑에 무언가 내 다리를 쓰다듬는 느낌이 난다… 이게 뭐지? 플래시를 키고 밑을 비추자 까만 고양이가 있지 않은가… 놀라서 소리를 질렀고 고양이도 놀라고 나도 놀라 혼비백산하였다. 아, 창피하다…그나마 옆에 사람들이 없어서 다행이었다. 깜깜한 새벽에 그야말로 영화 곡성 같은 분위기다.

갈림길에서조차 표지가 안 보이니 엉뚱한 길로 들어서서 한참 걷다가 돌아오면 숲길, 골짜기에선 그저 기도만 나온다. 내가 22살 때인가, 군대에 가기 전 지리산을 혼자 올랐었다. 너무 늦게 출발해서 계곡 큰 바위 위에서 침낭을 깔고 자는데 춥고 여우 소리가 들려 밤새 잠을 설치고 날을 세운 적이 있다. 그때를 생각하면 그때가 더 용감했던 듯싶다. 아무튼 이 깜깜한 길을 혼자 2시

간 걸으니 별별 생각이 다 든다. 특히 내가 좋아하는 성경 구절이
자동으로 떠오른다.

"내가 사망의 음침한 골짜기로 다닐지라도 해를 두려워하지 않
을 것은 주께서 나와 함께 하심이라 주의 지팡이와 막대기가 나를
안위하시나이다"[2]

인생을 살면서 여러 종류의 고난을 겪는다. 어려움이 밀려와도
내가 믿는 하나님께서 항상 선으로 인도하셨다. 까미노에서 걷던
이 어둠의 골짜기도 무사히 통과하고 해 뜨는 광경을 보면서 눈
물이 나올 정도로 감격스럽다. 내가 무릎이 아파 들고 다니던 지
팡이는 동물을 쫓을 때 쓰려고 호신용을 겸비한 것이다. 그보다
더 좋은 것은 하나님의 지팡이이다. 이번 까미노에서 지팡이의
위력을 느끼게 되었다. 주님의 지팡이는 더욱 나를 안위하신다.
세상의 어려움이 다시 와도 하나님께서 지켜주신다는 것을 새삼
느꼈다.
　살짝 무서워서 음악을 들으면서 걸었다. 어제 우연히 듣던 U2
의 노래가 생각났다. 평소 U2의 노래를 좋아하는데 그중에 'I
haven't found what I am looking for'라는 노래의 가사가 너무 와
닿았다. 내용이 복음적인 줄 처음 알았다. 이즈음에서 가사 한번
음미하시길… 마치 내 상황 같다. 50이라는 나이에 인생에서 허
함을 느끼고 하나님께 물어보러 온 시간….

2)　시편 23:4

사실 카메라로 찍으니 노출시간 때문에 밝게 나온 것이지, 깜깜해서 아무것도 보이지 않는 밤이었다

깜깜한 와중에 뭔가 하얀 물체가 움직이는 것만 같아 보니 하얀 말이 풀을 뜯고 있었다. 휴…
깜짝이야

I Still Haven't Found What I'm Looking For — U2

I have climbed the highest mountains

I have run through the fields

Only to be with you

Only to be with you

I have run, I have crawled

I have scaled these city walls

These city walls

Only to be with you

But I still haven't found

What I'm looking for

But I still haven't found

What I'm looking for

I have kissed honey lips

Felt the healing in her fingertips

It burned like fire

This burning desire

I have spoke with the tongue of angels

I have held the hand of a devil

It was warm in the night

I was cold as a stone

But I still haven't found

What I'm looking for

But I still haven't found

What I'm looking for

I believe in the Kingdom Come

Then all the colours will bleed into one

Bleed into one

But yes, I'm still running

You broke the bonds and you loosed the chains

Carried the cross of my shame

Of my shame

You know I believe it

But I still haven't found

What I'm looking for

　　　　　길 위에서 나를 찾다

이윽고 해가 뜨는 풍경은 너무 아름답다

어둠이 가고 해가 뜨니 너무 좋다. 찬양곡을 듣는데 '주와 같이 길 가는 것'을 듣다 보니 마음이 울컥한다. 어둠의 골짜기건 꽃이 핀 들판이건 주님과 동행하면 어디든 즐거운 일 아닌가…

〈주와 같이 길 가는 것〉

주와 같이 길 가는 것 즐거운 일 아닌가
우리 주님 걸어가신 발자취를 밟겠네
(후렴: 한 걸음 한 걸음 주 예수와 함께)
날마다 날마다 우리 걸어가리

어린아이 같은 우리 미련하고 약하나
주의 손에 이끌리어 생명 길로 가겠네
꽃이 피는 들판이나 험한 골짜기라도
주가 인도하는 대로 주와 같이 가겠네

너무 일찍 나온 탓에 배가 고프다. 그런데 오늘부터 부활절 휴일이라서 식당이나 카페 중에 열린 곳이 없다. 배는 고프고 오랜만에 라면 국물을 원샷 했더니 배에서 사인이 온다. 원래 매운 음식이나 자극적인 음식 먹으면 설사를 자주 한다. 구글맵으로 보니 식당은 보이던데 도착하면 다들 문을 닫았다. 점점 복통이 밀려온다. 우리가 거대한 것을 바라는 욕망도 있지만 배변의 고통을 참는 것만큼 큰 고통이 있으랴. 가끔 이런 고통도 기도할 정도다. 화장실 찾으면 뭐든지 하겠습니다. 참 간사하다. 결국 들판을 찾았다. 이번 까미노길에서 다행히 그간에 중간중간 카페서 잘 이용했는데… 이런 낭패가. 마침 휴일이고 이른 아침이라 사람도 없고 들판 숲으로 들어갔다. 시원하게 자연과 교감한 느낌이다.

이후 배가 더 출출하다. 며칠 전 비상식량으로 사놓은 다이제스트 같은 과자가 있어서 버스 정류소에 앉아 휴식을 취하며 다이제스트를 먹는다. 꿀맛이다. 까미노길에서 면도를 하지 않기로 마음먹어서 얼굴은 초췌하다. 노숙자 분위기에 정류장서 저러고 있으니 참 잊지 못할 추억이겠다 싶어서 사진 한 장 찍었다.

부활절 금요일이라 예수님 행진을 한다. 사진을 둘째 아들에게 보내니 'What the heck, why KKK marching?'이란다

헝가리에서 온 케빈. 23살 청년. 바텐더로 몇 달 일하고 세계 여행을 하며 재밌게 사는 친구이다. 약간 동양 명상에 관심이 많은 친구인데 독특하다. 젊은 친구와 인생에 대해 얘기도 나누고 너무 좋았다. 까미노길에서만 3번인가 마주친 인연이다

부활절 금요 미사에 잠깐 참관. 구글 트렌슬레이터로 신부님 설교도 들었다

처음에 예수님의 제자 야고보의
시신을 가지고 머물렀다는
파드론 성당

순례자 동상이 친근하다

길 위에서 나를 찾다

오늘은 파드론 북쪽에 있는 호텔을 택했다. 마침 부활절 연휴라 스페인 로컬 관광객들로 붐볐다. 순례자들은 별로 안 보였다. 호텔 저녁 시작이 8시여서 내려갔는데 아일랜드의 케빈 아저씨를 또 만났다. 둘이 합석해서 스페인 스테이크와 문어 요리를 먹었다. 케빈 아저씨는 자기는 문어를 한 번도 먹어 본 적이 없다고 한다. 그래서 내가 권했더니 먹고 맛있다고 한다.

케빈 아저씨랑 얘기 중에 지난번 2019년에 프랑스 길에서 걸은 까미노길에서 같

오늘은 적게 걸었다.
3만 2천 보, 약 22km

이 완주를 하고 공항으로 돌아가던 자기 친구가 심장마비로 죽었다고 한다. 그리고 이번 까미노길에도 자기 동네 친구가 죽어서 부고를 들었다고 한다. 그러면서 이제 50세가 넘으면 언제 갈지 모른다며 자기도 하고 싶은 것들 하면서 살고 싶다고 한다. 그래서 자주 해외여행을 다닐 거라며, 그가 멋있는 말을 해서 여기 적는다.

'Sometimes less is more(때론 모자란 것이 좋다).'
'It's in here(머리를 가리키며. 우리는 정신이 포기하지 않는 한 할 수 있다).'
'Look forward, not in the past(과거에 연연하지 말고 앞을 봐라).'

얘기 중에 옆에 테이블 남자 2명도 순례자 같아서 같이 얘기하

다가 같이 합석했다. 독일에서 온 아저씨들이다. 둘이 형제라고
한다. 중년의 아재들이 모이니 정말 말이 많다. 내가 50살 즈음
되니 50 블루가 온 거 같다고 하니 다들 자기 경험도 얘기하면서
다 지나간다면 위로해 주었다. 아재들 얘기가 불이 붙어서 다양
한 주제로 얘기한다. 케빈도 아일랜드서 군 생활 20년 했다고 하
고 독일 아저씨 스테판도 7년인가 했단다. 나도 카투사로 26개월
군 생활을 했는데 군대 얘기는 만국 공용어인가 보다.

케빈이 나라 사이에 일어나는 분쟁들이 다 정치적인 거라며 우
리 일반 사람들은 국경 없이 다 친할 수 있다며 화기애애하다. 이
독일 아저씨들도 정말 좋았다. 그날 밤 12시 반까지 수다 떨었다.
웨이트 아저씨가 Yerba 위스키(약간 한국 인삼주 분위기)를 서비스로
준다. 이거 마시면 내일 까미노길 뛰어갈 수 있는 강장제란다.

호텔에서 본 풍경. 말도 보이고 평화롭다

전 세계 아재 토크쇼

Day 6 파드론 ― 산티아고 데 콤포스텔라, 25km

드디어 마지막 종착지 산티아고로 가는 날이다. 벌써 끝난다니 아쉽다. 내 다리는 어제부터인가 왼쪽 발들도 아프다. 오른쪽 종아리 뒤 인대는 걷는 내내 아팠다. 오늘만 완주하면 되니, 그리고 마지막 날이니 최대한 음미하면서 천천히 걷기로 한다. 호텔서 나오는데 백인 여성이 내 앞에서 걷는다. 내가 다리가 아파서 천천히 걷는데 그분도 나랑 보폭이 똑같았다. 보통은 나보다 빠른 경우거나 헬레나처럼 달팽이들은 느린 편인데 이분은 애매하게 나랑 보폭이 같다.

중간에 성당서 스탬프 찍고 우연히 같이 출발하게 되어 얘기를 나누며 걸었다. 오스트리아에서 학교 영어 선생님 한단다. 어디서 왔냐고 하니 오스트리아라고 하면서 어딘지 아니라고 물어보길래 '알다마다'라고 했다. 내가 한국 사람이라고 하면 한국 위치도 모르는 사람 많은데 나만 그런 게 아니구나.

오늘도 걷다가 다시 헬레나 일당과 마주쳤다. 너무나 반가워했다. 그래서 나는 마지막 산티아고 도착을 이 일당과 함께 하기로 했다. 그래도 며칠을 계속 보았고 얘기도 잘 통하는 친구이다. 헬레나는 며칠 전에 나이를 얘기하다가 내가 올해 50이 된다니 믿기지 않는다며, 30대 중반 같아 보인다고 말치레를 해주어서 너무나 행복했다. 이 그룹에 벨기에 친구, 덴마크 친구들이 더 늘어나 있었다. 새로운 친구들이 '네가 Jay냐'며 얘기 많이 들었단다. 나름 까미노 인싸가 된 것만 같다.

중간에 카페서 쉬는데 이탈리아에서 온 마테오가 내 지팡이

길 위에서 나를 찾다

를 보더니 굉장히 관심 있어 한다. 포르투갈어로 '봉 까미노(Bom camino)'라고 하는데 지팡이엔 '보 까미노(Bo Camino)'라고 적혀 있어서 이거 오자는 아니냐고 물었고 이건 스페인과 포르투갈 국경지방 사투리라고 한다. 아무튼 이 길이 마지막 길이고 마침 마태오는 스페인 땅끝마을인 피스테라까지 3일 더 걸을 것이라 하여 지팡이를 선물로 주었다. 이 지팡이를 '제이(Jay)'라 부르겠다며 자기가 앞으로 까미노 걸을 때마다 나를 생각하면서 쓴단다. 땅끝마을 가면 내 지팡이와 사진을 찍어서 보내달라고 했다.

이탈리아서 온 마태오와 니코는 대학생이다. 벨기에

에서 온 루미는 인턴이다. 셋 다 자기 커리어에 고민이 많다. 한 명씩 번갈아 가며 얘기하는데 내 인생 이야기, 이민 이야기를 하면서 인생의 골을 잘 잡으라고 라떼식 조언을 했다. 남들처럼 돈만 쫓지 말고 너 자신을 알고 네가 좋아하는 것을 찾으라고. 나는 한국서 주입식 교육으로 수학 잘 해서 공대로, 돈 잘 번다 하여 변리사 공부(결국 실패), 아메리칸드림(세상적인)을 이루러 왔지만 정작 내가 누구이고 뭘 진짜 원하는지 알지 못하고 살았다. 이제야 40대 중반이 지나면서부터 나를 찾아가고 있다.

다행히 이민 와서 일했던 식품 분야 경험을 살려서 식품 관련 컨설팅을 하고 전문가가 되었고 책을 읽고 쓰는 것을 좋아하여 지금까지 9권의 책을 냈으며(한 권은 나름 베스트셀러) 두 곳의 신문에 칼럼을 게재하고 있다. 그리고 지역 사회에서 홈리스, 난민, 재소자, 장애인 사역을 돕고 있으며 요즘은 젊을 때 못했던 세계여행을 하며 여행하는 글을 쓰는 취미가 생겼다. 앞으로 남은 50년은 진짜 나를 찾아가는 길이고 이곳 까미노에서 다시 태어난 것 같다.

폴란드에서 온 아저씨

벨기에서 온 루미. 미국에서 태어난 벨기에 청년

이탈리아에서 온 니코

드디어 산티아고 도시에 도착했다. 콤포스텔라 진입하는 골목 길은 많은 관광객 인파들로 북적였다. 우리 그룹은 설레는 마음 으로 성당 광장으로 향한다. 진입하여 본 성당의 웅장함에 놀란 다. 먼저 도착한 아일랜드 케빈이 내 이름을 부르며 반긴다. 드디 어 도착이구나. 다 같이 사진을 찍고 포옹을 한다. 제일 절뚝거리 며 고생한 헬레나는 눈물을 글썽인다. 다들 땀에 절어서 쉰내가 장난이 아니었다(내 냄새가 제일 고약했던 것 같다. 사실 씻기 싫어하는 나에게 까미노길은 딱 맞는 여정이었다). 다들 누워서 성당을 감상한 다. 나도 신발을 벗고 마지막 도착의 순간을 느낀다.

우리는 그룹으로 하여 순례증을 받으러 성당으로 갔다. 마침 우리 그룹에 스페인 출신 친구가 있어서 줄도 안 서고 그룹 수료 증 발급을 미리 예약하여 쉽게 수료증을 발급받았다. 우리는 아 쉬움을 뒤로 하고 헤어졌다. 몇몇 친구는 오늘 저녁에 출국하는 친구들도 있었고 다들 숙소가 여기저기 흩어져 있었다.

POST

샤워를 하고 나와 산티아고 시내를 돌아다녔다. 올드 타운은 그리 크지 않았다. 해질녘의 도시 풍경은 장관이었다. 뷰 맛집으로 소문난 공원에 가서 멀리서 보이는 콤포스텔라 성당의 사진은 진짜 그림 같았다. 언젠가 프랑스 길이나 다른 길을 통해서도 이 산티아고를 다시 오리라 생각하면 내 기억에 저장해 두고 싶었다.

다녀와서 느낀 점

다녀와서 느낀 점은 육체적, 정신적으로 건강해진 느낌이다. 내가 있었던 곳에서 떨어지고 낯선 환경에 낯선 사람과 나를 던지면 나는 또 다른 사람이 된다. 떠나기 전에 약간 번아웃 증상도 있었다. 하던 일도 바쁘고 여러 봉사들도 매너리즘에 빠지는 것 같고 이래저래 50이 되니 그냥 허한 느낌이 들었다. 한 일주일 아무 생각 없이 눈뜨면 걷고 배고프면 먹고 사람들과 금방 친해져서 얘기도 하고 이런 것들이 나를 쉬게 하고 힐링을 하였다.

서로 다른 사람들 만나 나의 사고의 틀이 넓어진 느낌이다. 내가 사는 지역과 인종, 문화를 벗어나 다른 사람들의 가치와 경험을 듣는다는 것은 중요하다. 요즘 특히 양극화와 SNS 알고리즘으로 인해 사람들이 더욱 편협해지고 있다. 나를 낯선 환경과 낯선 사람에게 던지는 것은 나를 성장시킨다. 나이 들수록 더욱 다양한 사람을 만나야 한다. 이 길 까미노는 그런 기회를 제공한다. '세상은 넓고 나는 코스모폴리탄이구나'라는 생각을 한다. 세상은 넓고 아직도 내가 가봐야 할 길은 많다.

유럽에 있다 보면 미국의 라이프가 어떤 점에서는 이상한 것들이 있다. 너무 물질적이고 사이즈들이 다 크다는 점. 이 길을 걸으면 소량, 미니멀이 몸에 밴다. 달랑 배낭 하나에 내 삶을 다 넣을 수 있는데 우리는 너무나 많은 것들 가지고 살며 더 가지려고 버둥대는 모습을 보면서 중독된 라이프를 살지 않나 생각된다.

너무나 감사한 것은 가기 전 식중독으로 소화도 안 되고 설사도 했었는데 까미노에선 그러지 않았다는 점이다. 그리고 Injinji

라는 브랜드 하이킹 양말 덕에 발에 물집이 생기지 않았다. 날씨도 좋아서 비도 한번 오지 않았다. 물론 길을 잃고 헤매기도 했지만 다시 노란 화살표를 찾았을 때의 기쁨은 이루 말할 수 없다. 인생에 길을 잃어도 방향과 목적만 확실하면 문제가 없다. 문제는 목적과 방향도 고민 안 하고 열심히 걷는 것이다. 그리고 이 기간 동안 마음대로 수염도 길러봐서 좋았다(길러보니 어울리지는 않았다).

까미노길에선 만인이 평등하다. 돈이 많건 적건, 인종이 뭐건…. 우리의 목표는 하나. 하루 걸어야 할 길을 무사히 걷는 것이다. 까미노는 인생의 축소판이다. 희로애락이 다 있다. 그래도 우여곡절 끝에 종착지에 도착한다. 존 번연의 '천로역정' 소설도 많이 생각난다. 우리가 구원의 길이 쉽지 않지만 하나님의 지팡이가 안위하시므로 목적지까지 이르는 것이다.

미국서 살다 보면 네이베이션으로 길을 찾고 운전한다. 우리는 속도와 시간이 중요하다. 효율적으로 인생을 살아야 한다는 강박에 살고 있다. 까미노를 걸으면서 들에 핀 꽃들과 교감하고, 개, 돼지, 양들과도 소통하면서 때론 느리게 가는 것도 많은 것을 보고 느끼게 하는구나…. 평소에 우리가 너무나 많은 것들을 놓치고 사는 것이 아닌가 생각이 든다. 때론 길을 잃어버려 돌아가더라도 인생에는 허비가 없다. 다 의미가 있는 것이다.

주변 것들에 대한 관심과 사람들에 대한 관심이 생긴다. 사람 때문에 지쳐서 까미노에 온 사람들이 다시 사람과 만나서 즐거워하는 것을 보면 신기하다. 자기 사는 곳에서는 아등바등 사는 사람들이 많고 주변에 무관심하고 나만 바라보는 사람들이 여기 와서 주변 사람들과 대화하면서 옆도 돌아보는 삶을 살지 않을까 기대한다. 평소 영성은 하나님과의 관계를 이웃의 아픔을 같이 하고 소외된 자들과 같이 하는 것이라 믿는다. 현대사회에서 휴대폰 보면서 자기 주변에 전혀 관심이 없는 사람들은 산티아고가 약이다.

걷는 것이 영성이다. 위대한 철학자, 작가들이 걸으면서 했던 많은 생각들이 천천히 걸음으로서 머리로만 생각하는 것이 아니라 전인적으로, 전육체적으로 머리와 마음과 몸이 같이 생각한 결과이다. 돌아와서 우리 동네 트레일 길을 걸으니 너무나 좋다. 등잔 밑이 어둡다고 우리 동네도 매일 한 시간씩 걸으려 한다. 걷는 것이 나의 몸과 마음을 지켜준다.

알베르게 주인 아나의 응원이 생각난다.

'Once a pilgrim, Always a pilgrim.'
우리는 영원히 순례자이다.

POST-1 오전 시내 가이드 투어, 오후 미술관 관람, 저녁 바닷가 마을 코루냐 방문(기차)

주일은 온라인으로 예배를 드리고 오전에는 이 도시의 역사가 궁금하여 시내 가이드 워킹 투어를 신청하여 구경했다. 역시 역사를 들어야 관광지가 더욱 이해가 되는 듯하다.

▽ 아침에 본 콤포스텔라 성당의 경이로움

◁ 부활절 행진의
   로마 병사 모습

▽ 예수님 부활 행진

길 위에서 나를 찾다

산티아고 공원에는 마리아스 자매 동상이 있는데,
가이드의 얘기를 듣고 슬펐다

마리아스 자매 이야기

"자매는 자유주의 사상을 가진 가족의 일원이었고 형제 중 일부는 스페인 내전이 발발하기 전인 1930년대 무정부주의 운동에 참여했습니다. 형제는 전쟁과 프랑코 장군의 독재 기간 동안 탈출하여 숨어 살았다고 믿어집니다. 그러나 자매들을 포함하여 산티아고에 남겨진 가족들은 정기적으로 당국의 괴롭힘과 심문을 받았습니다.

남북 전쟁의 여파와 독재의 회색 수십 년 동안 자매들은 정치적 압력으로 인해 일자리를 찾을 수 없는 상대적 빈곤 속에서 살았습니다. 그러나 폭풍우로 집 지붕이 무너졌을 때 이웃 사람들은 음식을 사주고 돈을 모아 새 아파트를 구해 주며 보살핌을 받았습니다.

Coralia와 Maruxa는 'As dúas en punto(2시)'라는 별명으로 알려져 있었는데, 그 시간이 그들이 매일 구시가지와 알라메다 공원

야고보의 어머니이자 여인 살로메를 기리는 성당

주변을 산책하기로 선택한 시간이었기 때문입니다. 항상 절충주의적인 옷을 입고 화려한 화장을 하는 그들의 특별한 패션 감각은 독재 정권의 회색 시기에 매우 이례적이었고 확실히 군중들 사이에서 그들을 돋보이게 했습니다.

자매들은 1980년대에 세상을 떠났지만 1994년 그들이 사랑했던 알라메다 공원에 세워진 이 상징적인 조각품에 의해 사랑스럽게 기억되고 존경받고 있습니다. 많은 사람들은 자매들이 색채와 정신 나간 어리석음을 더했던 도시의 어두운 시대를 상기시키는 것으로 보고 있습니다."

길 위에서 나를 찾다

처음으로 순례길을 걸은 포르투갈 왕.
약 천 년 전

산티아고 내 한 미술관에서

다음날 산티아고에서 기차를 타고 코류나 바닷가를 산책,
강아지가 뛰어노는 모습을 보니 우리 둘리 생각이 났다. 둘리랑 한번 와야 하는데

그때 먹은 대구 요리

마지막으로 이 까미노를 보면서 '나의 꿈'이 뭘까 되새겨 본다. 꿈을 잃어버린 중년들에게 까미노를 추천합니다!

어떤 이의 꿈

봄여름가을겨울

어떤 이는 꿈을 간직하고 살고
어떤 이는 꿈을 나눠주고 살며
다른 이는 꿈을 이루려고 사네

어떤 이는 꿈을 잊은 채로 살고
어떤 이는 남의 꿈을 뺏고 살며
다른 이는 꿈은 없는 거라 하네

세상에 이처럼 많은 사람들과
세상에 이처럼 많은 개성들
저마다 자기가 옳다 말을 하고
꿈이란 이런 거라 말하지만

나는 누굴까 내일을 꿈꾸는가
나는 누굴까 아무 꿈 없질 않나
나는 누굴까 내일을 꿈꾸는가
나는 누굴까 혹 아무 꿈

어떤 이는 꿈을 잊은 채로 살고
어떤 이는 남의 꿈을 뺏고 살며
다른 이는 꿈은 없는 거라 하네

세상에 이처럼 많은 사람들과
세상에 이처럼 많은 개성들
저마다 자기가 옳다 말을 하고
꿈이란 이런 거라 말하지만

나는 누굴까 내일을 꿈꾸는가
나는 누굴까 아무 꿈 없질 않나
나는 누굴까 내일을 꿈꾸는가
나는 누굴까 아무 꿈 없질 않나
나는 누굴까 내일을 꿈꾸는가
나는 누굴까 아무 꿈 없질 않나
나는 누굴까 내일을 꿈꾸는가
나는 누굴까 혹 아무 꿈

프랑스 파리 편

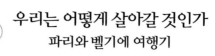

우리는 어떻게 살아갈 것인가
파리와 벨기에 여행기

 유튜브 동영상 시청
https://www.youtube.com/
watch?v=60brvcfucQw

들어가며

올해 4월에 산티아고 순례길, 6월에 캐나다 서부 여행, 7월에 세미나를 겸해 방문한 파리에서의 아들과 여행, 8월 말 한국 출장, 10월에 터키에 머리카락 이식 수술을 하려던 차에 여행, 그리고 12월 어쩌면 한번 더? 올해는 출장 겸 여행의 연속이다. 벌써 한 달만 집에 있어도 엉덩이가 들썩인다. 노마드처럼 살고 싶은 게 아니라 이제는 역마살 끼었다는 표현이 맞을 것 같다.

그렇다고 현실을 부정하고 도피하는 것이 아니다. 현실에서 더 열심히 살기 위해서 여행을 하는 것이다. 내 일을 더욱더 창의적으로 오래 지속할 수 있도록 하며, 미국 지역 사회에서 여러 사회봉사 활동(난민 사역 등)을 더욱 열심히 하며, 글쓰기에 대한 영감도 필요해서이다. 결국 여행에서 돌아왔을 때 느껴지는 나의 지금 사는 곳이 가장 좋은 곳이라는 결론을 맺고 다시 일상의 감사함을 느끼며 살아간다.

파리 여행기

최근에 유튜브에서 한 50대의 세계 여행기를 보았다. 중고 마을버스를 개조한 캠핑카로 전 세계를 누빈다. 그 유투버는 한 마을버스를 보면서 자신의 현실을 생각했다고 한다. 매일 같은 구간을 돌고 도는 마을버스. 태어나 넓은 세상을 다녀보지 못하고 버스 수명이 다 되어 폐차장에 팔릴 처지의 마을버스가 자신과 같다는 생각을 했다고 한다. 사회에서 가정에서 열심히 앞만 보고 달렸는데 이제는 연한이 다 되어서 사회에서도 가정에서도 자신이 필요 없는 은퇴의 시기가 온 것이 폐차할 마을버스나 자기나 같은 처지 같다고. 지금은 그 마을버스와 전 세계, 큰 세상을 누비고 있다.

나 또한 이제 50이 된 지금. 그동안 열심히 달려온 것에 대한 보상이며 새로 태어난 인생 후반기를 더욱 큰 세상에서 달리고 싶다. 올해 초 산티아고 순례, 6월에 캐나다 반프 및 캐나다 서부 자동차 여행, 7월에 세미나를 겸해 방문한 파리의 여행기를 엮어 보고자 한다. 여행 정보를 담은 책이라기보다는 여행지와 일상에서 느낀 점들을 같이 실은 에세이이며 나의 현재 생각과 느낌과 경험이다. 여러분과 파리도 같이 가고자 한다.

보통 사람은 일상에 매여 평생을 산다. 일상은 우리에게 주어진 물리적 시간이며, 기억이며, 동시에 상상력의 테두리이다. 그것은 그저 '현실'을 의미하지 않는다. 꿈이 없는 현실은 껍데기일 뿐이다. 나는 일상을 규정하는 테두리를 넓힘으로써 내 일상의 폭과 깊이를 바꾸어 갈 수 있기를 열망한다. 열망은 마음속 깊은 곳에 욕망을 가지고 있기 때문에 생겨난다.

　　　　　　　　　　　　　　　　　　　—『익숙한 것과의 결별』, 구본형

워케이션(Work+Vacation)

나는 컨설팅 비즈니스를 하므로 재택근무를 하고 있다. 벌써 비즈니스 7년 차인데 굳이 내가 사무실이 필요하지 않다는 생각을 했다. 오래전에 미국에 처음 와서 컨설팅(해외부동산 투자 관련)을 했을 때 손님도 없이 사무실 비용 까먹은 생각에 최대한 비용을 줄이자고 한 것이 나는 앞으로 계속 사무실이 필요하지 않다는 결론을 맺었다.

　어떤 사람은 재택근무가 맞지 않는 사람이 있다. 그러나 자기 관리 능력이 있는 사람은 아주 효율적으로 시간을 사용할 수 있는 장점이 있고 세계 어디서나 일할 수 있는 장점이 있다. 손님들을 만날 때는 줌으로 온라인 미팅을 하고 아주 불가피하게 오프라인으로 미팅을 할 경우에는 업체들을 어느 기간에 몰아서 만나서 최대한 효율적으로 나의 워케이션(Work+Vacation)을 피하도록 한다.

한국에서 워케이션이라는 단어가 나오고 최근 MZ세대들의 라이프 스타일들이 워라밸과 자기 개성을 찾는 삶을 추구하다 보니 디지털 노마드족이 인기이다. 나는 2017년부터 디지털 노마드의 삶고 있지만 현실적으로는 아이 둘을 키우는 가장으로서 현실적인 부분에 부딪히곤 했다. 그러나 애들도 거의 커서 큰애가 대학을 가고 둘째도 이제 고등학교 12학년(한국 고3)이라 이제 1년 남은 시점이다. 내년부턴 본격적인 디지털 노마드를 해볼 수 있을 것 같다. 지금까지는 연습게임으로 나 혼자 여행 또는 출장 아니면 애들 방학 때 가는 여행을 다녔다.

이제는 어디서부터가 여행이고 어디서부터가 일상인지 구분이 안 된다. 일상도 여행이 되고. 내가 사는 곳이 낯설게 느껴져서 좋다. 내가 사는 곳에서 더 볼 것들을 찾아보고 무심코 지나쳤던 곳들도 찾아다녀 본다. 앞으로는 이렇게 사는 사람들이 더 많아질 것이다. 기존에 직업들도 사무실로 출근하는 직업들이 사라지고 개인 프리랜서나 디지털 노마드족이 많아질 전망이다.

여행, 새로운 만남

여행은 새로운 세상, 사람과의 만남이다. 파리는 우연한 만남을 일으키는 곳이다. 나는 여행의 우연성(세렌디피티)을 좋아한다. 여행을 계획할 때 프레임만 잡아 놓고 디테일한 계획은 잡지 않는다. 여행은 내비게이션으로 목적지에 빨리 도착하는 것이 아니다. 속도의 시대를 사는 우리는 놓치는 것이 너무 많다. 샤를 페팽의『만남이라는 모험』의 글이 공감된다.

내비게이션을 예로 들어보자. 이 장치는 우리가 정해진 장소에 도착하게 될 때까지 끊임없이 재조정되는 기기이다. 그 결과 우리가 다니는 길은 '여정'과 '여행길'의 개념을 모두 상실했다. 우리는 이제 여행을 하는 것이 아니라 그저 장소의 이동을 할 뿐이다. 그래서 눈앞에 펼쳐진 아름다운 풍경을 향해 눈을 크게 뜨는 것도, 여유로운 산책의 시간을 갖는 것도, 즉흥적으로 떠오른 장소로 무작정 떠나는 것도 모두 불가능해졌다. 우리는 내비게이션이 우리의 행동을 인도하도록 내버려 두며 기계의 지시에 계속 복종하고 있다. 이 장치는 우리에게 족쇄를 채워서 우리의 실질적인 행동의 특징들이 나타나는 것을 방해할 뿐 아니라, 우리의 반응성과 자발성, 그리고 직관에 귀를 기울이는 우리의 본능까지 방해한다.

— 『만남이라는 모험』, 샤를 페팽

새로운 만남은 나의 틀을 깨준다. 기존의 생각의 틀에서 나오고 싶으면 여행을 하고 다른 문화와 사람들을 만나보라. 나는 자를 둘러싼 문화와 언어, 먹는 것, 입는 것, 가치관들의 총합이다. 나를 키우려면 다른 환경에 나를 던져서 나의 틀을 깨트려야 한다. 나를 부정하고 새로운 틀을 흡수할 때 나는 더 큰 틀을 가지게 된다.

자신의 틀에서 나온다는 것은 불확실성과 실패에 노출된다는 의미를 갖기도 한다. 하지만 행동하기 전에는 우리의 행동이 이 세상에서 무엇을 만들어 낼지 알 수 없다. 그러므로 우리는 무슨 일이 있더라도 행동을 취해야 한다. 위험을 무릅쓴다는 것의 모든 아름다움, 존재가 지니는 흥취가 바로 거기에 있기 때문이다. 그것이 행동의 철학이 내포하고 있는 핵심 그 자체이다. 더욱이 실패의 경험 역시, 실질적인 만남의 '준비'에 관여한다. 마침내 하나의 만남이 이루어질 때, 그 만남은 우리가 지금까지 걸어온 그 길로 인해 풍성해질 것이다.

—『만남이라는 모험』, 샤를 페팽

안전지대(콤포트 존, Comfort Zone)에서 나와야 한다. 인간은 현실에 안주하는 게 디폴트이다. 중력을 뚫고 새로움과 도전을 추구하기가 쉽지가 않다. 주변이 다 그렇기 때문이다. 철학자 스튜어트 밀은 '범용한 세상 사람들'과 너무 많이 접촉하면 자신도 타락한다고 말했다.

인생에서 가장 큰 위험은 아무것도 감수하지 않는 일이다. 아무 위험도 무릅쓰지 않는 사람은 절대 실패할 가능성이 없어 보이지만 곰곰이 생각하면 그 자체로 이미 실패한 인생이다. 아무것도 배울 수 없고, 자신이 어떤 사람인지도 모르고, 자신의 잠재력은 더더욱 발견하기 어렵기 때문이다.

—『일생에 한번은 고수를 만나라』, 한근태

파리는 처음이지?

이번에 파리에서 열리는 한 세미나에 강사로 초빙되어 갈 일이
생겼다. 거의 50 평생에 처음으로 파리를 가다니… 가기 전부터
가슴이 설렌다. 전 세계 최고로 많은 관광객들이 다녀간다는 도
시. 수많은 랜드마크와 박물관들, 음식, 영화의 촬영장소로 이미
나에겐 익숙한 도시. 사람마다 호불호가 나뉘지만 나는 파리가
너무 좋았다. 최근에 그림에 관심이 많아져서 유명 화가들의 작
품들을 유튜브로 공부하고 관련 책도 읽었다.

또한 내가 좋아하는 헤밍웨이가 젊은 시절 파리에 머무르면서
있었던 시절에 쓴 '파리는 날마다 축제'라는 책을 읽고 왜 유명 예
술가들이 파리에 갔는지 궁금하였다. '미드나잇 인 파리' 영화에
유명 예술가들의 종합 선물 세트처럼 나오니 예전에 몰랐는데 파
리 다녀와서 본 이 영화는 너무나 가슴에 와닿았다.

루앙 대성당과 모네의 작품

첫 일정은 파리 북쪽에 노르망디 지역 방문이다. 가는 도중에 가
이드님이 루앙 대성당에 잠시 들려 커피 한잔 하자고 하서서 들
렸다. 루앙 대성당은 루앙이라는 도시에 있는 로마 가톨릭 성당
이다. 후기 고딕 양식으로 지어진 건물이며, 클로드 모네의 '루앙
대성당' 연작의 소재로 유명하기도 하다.

모네는 '인상주의'의 창시자로 대상을 뚜렷하고 명확하게 표현

하는 전통 회화 기법을 거부하고, 빛에 따라 실시간으로 변화하는 대상의 색과 형태를 포착하여 그리는 인상주의로 당대 미술계의 파괴적 혁명을 일으켰다.

　색 표현 역시 이전의 양식과는 달랐다. 모네에게 있어서 물체의 고유색이라는 것은, 기억과 관습이 만든 뇌의 편견일 뿐이었다. 그의 '눈'이 바라본 대상의 색채는 빛과 대기, 주변의 색에 영향을 받아 매 순간 새롭게 만들어지는 것이었다. 전통적인 회화는 한 대상을 다른 대상과 명확히 구분했으나, 모네는 대상을 구별하지 않고 윤곽선이 빛과 대기에 의해 이어져 있는 것으로 표현했다.

　이런 과정에서, 전통적 의미의 선원근법, 구도, 채색, 드로잉 등의 회화 기법은 무의미해졌다. 이로써 모네는 회화에서 자유의 영역을 넓혔을 뿐 아니라, 다른 예술가와 대중들에게 대상을 바라보는 새로운 '눈'을 가르쳐 주었다.

　시간과 계절의 변화에 따라 어떻게 변하는지에 매료되었던 모네는 '건초더미(1888~1894)', '포플러(1892)', '루앙 대성당(1892~1894)', '수련(1912~1914)'과 같은 연작 시리즈에서 새로운 경지에 이르렀다. 이 작품들은 똑같은 풍경이 시간의 변화에 따라 다양하게 변하는 모습을 각기 다른 그림들로 그린 것이다. 명암이 마치 고체처럼 만질 수 있는 실체를 가진 것으로 보여, 회화 역사상 이정표가 되는 작품들이다. 모네의 후기 활동은 지베르니에 있는 수련 연못에 초점이 맞춰져 있다. 작품들은 초대형의 벽화와 같은 캔버스 형식을 취했다. 식물들과 물이 색의 추상적인 환영 속에 녹아있고, 물감을 십자형으로 두껍게 칠하여 독특한 질감을 창조했

다. [3]

예술이란 결국 기존의 관습의 틀을 깨고 새로운 파괴적인 혁신을 하는 것이다. 이것이 비즈니스에도 적용되고, 개인의 삶에도 적용이 된다. 우리 자신도 날마다 성장해서 자신의 알을 깨고 나와야 한다. 그러나 나이가 들수록 더욱 고리타분해지고 라떼 소리 듣는 노인이 되면 안 된다.

모네가 그린 루앙 대성당 작품과 실제 모습

3) 나무위키

영화의 도시

파리는 영화의 도시이다. 처음 영화가 시작된 곳이다. 그리고 무수한 영화 배경으로도 파리는 유명하다. 특히 우리 큰애는 뉴욕대에서 영화를 전공하고 있는 터라 파리는 영화를 공부할 수 있는 좋은 곳이다. 나 또한 여러 프랑스 배경의 영화를 본 터라 더욱 생생한 영화 촬영장소에서 주인공들과 교감이 되었다.

큰애와 함께 파리의 영화박물관을 찾아갔다. 그곳에는 초기 영화 탄생 시기부터 해서 최근 영화 기술까지 망라한 곳이다. 일반인들도 흥미롭지만 큰애는 영화가 처음에 어떠한 수작업으로 영화 세트가 만들어지며 기발한 아이디어들에 놀란다. 처음 영화가 탄생한 것은 1895년 12월 28일, 프랑스의 한 카페에서 뤼미에르 형제는 세계 최초의 영화는 '열차의 도착'이라는 50초의 짧은 내용의 작품이었다. 이 영화는 아무런 스토리도 없이 단순히 열차가 도착하는 장면만 보여주는 것에 불과했지만 19세기 후반의 사람들에게는 충격 그 자체였다. [4]

1902년에 발표된 '달나라 여행'은 조르주 멜리에르가 만든 작품으로 무성 영화에 흑백 영화이지만 당시로서는 13분이라는(그 당시엔 장편) 상영시간을 선보였다. 최초의 SF라고 볼 수 있는데 영화를 만든 스케치며 무대 소품, 필름 편집으로 한 장면 전환 및 SF 효과는 과히 감탄하지 않을 수 없다. 지금이야 디지털 기술로 뚝딱하겠지만 그 당시에 상상력과 열정으로 만든 영화를 보니 더

4)　위키피디아

욱 존경스럽게 느껴졌다.

Cinematheque 영화 박물관과 '달나라 여행'에 나오는 유명한 장면 중

또 한 곳은 큰애가 중고 DVD 가게를 가야 한다며 방문했다.
유명한 영화감독들이 방문했다는 곳이란다. 봉준호 감독도 있고,
브래드 피트도 다녀간 사진이 있다. 이곳 주인에게 큰애가 자기

는 뉴욕대에서 영화 전공이라 하니 주인이 싸인해 달라고 한다.
나중에 유명한 감독이 되면 다시 찾아오라며….

파리를 다니면서 떠오른 영화들

파리를 배경으로 한 영화 중에 내가 인상 깊게 본 영화를 골라보았다. 파리에서 거닐며 영화 속에 나온 배경들을 걸으니 내가 주인공이 된 느낌.

미드나잇 인 파리와 퐁네프 연인

2011년에 개봉한 영화. 우디 앨런이 감독을 맡았고 오언 윌슨이 주인공 길 펜더 역을 맡았다. 예전에는 몰랐는데 최근에 미술 작품들 관심하면서 공부하게 되는 미술가들과 내가 좋아하는 헤밍웨이 작가가 등장해서 좋았다. 종합 선물세트 같은 느낌이랄까. 그리고 주인공들이 걷는 파리의 골목들이 너무나 친근하게 다가온다. 스콧&젤다 피츠제럴

'미드나잇 인 파리' 포스터

드 부부('위대한 개츠비'의 저자)와 헤밍웨이, 거트루드 스타인(미국의 유명한 페미니스트 작가이자 비평가), 달리 외에도 잠깐이지만 강렬하게 등장하는 피카소, 애드리아나(피카소 연인), 고갱 등 거장들이 등장한다.

　이 거장들을 극 중에 등장시키면서 주인공 길이 진정한 사랑과 인생의 여정을 찾아가는 과정을 그린 영화이다. 미국에서 주인공

길처럼 파리에 가면 나의 인생의 여정과 많은 거장이 남긴 작품
을 보면서 영감을 받는다.

'퐁네프 연인' 포스터

영화의 한 장면과 퐁네프 다리 전경

레오스 카락스 감독의 영화로 1991년 작품이며 내가 대학 1학

년 때인 92년도에 한국에서 개봉했다. 당시에는 파격적인 스토리와 장면들이었다. 당시에는 밑도 끝도 없는 노숙자들의 사랑 이야기로 별로 감이 오지 않았는데 파리를 다녀온 뒤에 30년 만에 보는 영화는 내게 새롭게 다가왔다. 연인에게 버림받고 시력을 잃어가는 '미쉘'과 살고 있는 노숙자 '알렉스'의 사랑 이야기는 약간 구역질이 날 정도로 지저분하고 삶의 바닥을 보여준다. 그럼에도 파리라는 아름다운 배경과 연인들의 절망적인 사랑은 아이러니한 스토리를 만들어 낸다. 그래도 삶의 희망을 보여주며 사랑이 절망을 이긴다는 메시지를 주는 영화다.

비포 선셋 시리즈

내가 좋아하는 영화 중 하나가 비포 선라이즈 시리즈이나 첫 작품인 비포 선라이즈(1994년)에 20대의 풋풋한 스쳐가는 사랑을 그렸다면 비포 선셋(2004년)은 30대의 다시 만난 제시와 셀린의 이야기. 영화 배경이 파리이다. 비포 선셋 시리즈는 걸으면서 대화하는 장면들이 많다. 파리의 이곳저곳을 걷는데 내가 이번에 파리에 갔을 때 걸었던 곳들이다. 유명한 곳을 걸어서 그런 것이 아니라 여기저기 소박한 골목길에서 힙함이 느껴지는 파리의 매력에 두 사람의 만남은 더욱 특별해지는 것 같다.

마지막 세 번째 시리즈인 '비포 미드나잇(2013)'은 결국 두 사람이 결혼하여 현실적인 부부의 모습을 보여준다. 마치 전원일기의 금동이가 커서 어른이 되는 실제 세월과 드라마 배우들이 나이를

먹는 것처럼 여기 감독과 배우들도 10년 터울로 영화를 만들면서
세월의 흔적을 느끼게 한다. 결국, 결혼 속에서 사랑은 일상이 되
고 서로에게 실망하고 자기의 커리어를 찾고 전 처와 낳은 제시
의 아이까지 아주 현실은 복잡하고 어렵다.

결국 세월에 사랑도 장사가 없나 보다. 비포 선라이즈, 비포 선
셋까지가 보통 영화의 엔딩이라면 그 이후의 삶을 모습을 여과
없이 보여준 비포 미드나잇은 너무나 공감이 간다. 그러니 첫사
랑을 찾지 마세요~ 환상 속에 그대로 남겨두시길….

파리에서 영어책을 파는 오래된 서점. 유명한 작가 헤밍웨이
도 이곳에서 책을 빌려 보았고 유명한 랜드마크이다. 주인공
제시가 유명한 작가가 되어 이곳 서점에서 팬 사인회를 하면
서 다시 셀린느를 만난다

파리는 날마다 축제
헤밍웨이

헤밍웨이는 내가 좋아하는 작가이다. 특히 그의 말기에 쓴 '노인과 바다'는 간결체 문장과 인간 실존에 대한 질문을 던진다. 젊은 시절 그는 파란만장한 삶을 살았다. 실천하는 지성인 이었다. 1차 대전 때는 미국 육군에 지원했지만 낮은 시력으로 탈락하였고 적십자의 홍보를 보고는 이탈리아 야전병원의 수송차 운전병이 된다. 그 후 다리에 포격으로 인해 부상을 입게 된다. 이를 바탕으로 '무기여 잘 있거라' 소설이 나온다. 스페인 내전에 참전하여 독재자와 싸웠고 이를 바탕으로 '누구를 위하여 종을 울리나' 작품을 만들었다.

그의 간결한 문체와 빨려드는 흡입력은 그의 소설의 매력이다. 그중에 그가 젊은 시절에 파리에 머물며 유명한 작가들과 교제하며 꿈을 키워나간다. '미드나잇 인 파리'에 나오는 거트루드 스타인의 살롱 단골이던 파블로 피카소, 호안 미로, 후안 그리스와 같은 화가들과도 교제하게 된다. 그가 아직 대중에게 이목을 받지 못한 시기라 경제적으로도 어려웠다. 그가 그래도 파리에 살면서 많은 영감을 받았다. 그때 적어놓은 '파리는 날마다 축제'에는 파리 시기에 살던 소소한 추억들을 담은 에세이이다. 파리에 와보니 왜 파리가 날마다 축제라는 말을 알겠다. 일상에 축제 같은 설렘을 만들어 내는 곳이 파리인 듯하다.

그중에 퐁네프 다리 밑에 조그만 공원을 갔는데 마침 그곳이 헤밍웨이가 포도주를 들고 글쓰러 자주 오던 공원이라고 한다

노마드의 생각할 점
돈이 수단이냐 목적이냐

인간은 태어나서 교육받은 후에 돈을 벌고 가정을 꾸리고 시스템에 속해 노동을 하게 된다. 그러나 돈이 인생의 전부인 것처럼 시스템에서 세뇌를 하다 보니 삶의 진정한 목적과 의미를 생각할 겨를을 주지 않는다. 최근에 불었던 파이어(FIRE) 족(Financially independent Retire Early)들이 생겨나면서 주식, 부동산 투자로 일찍 은퇴하는 것이 로망이 되었다. 그러나 노마드는 적정한 돈과 삶의 의미 추구에 적절한 중간점을 찾는 노력을 해야 한다.

돈에 사로잡혀 건강을 잃고 가정을 잃은 경우도 보았고 돈 버는 것에만 인생을 몰두하다 정작 돈 벌어서 나중에 자신이 하고 싶은 일들을 하다 보면 그때는 너무 늦는 경우가 많다. 개그맨 고명환 씨는 유명한 독서광이면서 성공한 사업가이다. 그가 '돈은 가치가 있는 곳에 나타난다. 고로 돈이 나를 따르게 하려면 내가 가치를 만드는 사람이 되어야 한다. 가치를 만드는 삶이 즐기는 삶이다. 돈을 좇는 삶은 힘든 삶이다…. 부의 진정한 원천은 우리의 생각이라는 사실을 깨달았다. 그리고 생각에는 인내, 열망, 명확한 목표가 뒷받침되어야 한다는 사실도 알았다.'[5]고 한다. 명확한 목표가 없는 돈 버는 삶은 위험하다. 인생은 짧다. 그대의 삶의 목표는 무엇인가.

돈보다 시간이 더 중요하다. 나는 시간 부자와 적정한 돈이 필요하다. 결국 시간을 얻기 위해 사업을 하는 것이 나의 목적이다. 그 시간으로 자아의 성장과 하고 싶은 것들을 하고, 해야 할 것들(사회봉사 및 선교)를 하는 것이 사업의 목적이다. 여러분은 무엇 때문에 돈을 버는가? 돈에 영혼을 팔지 않기를….

실천이 없는 그대에게

나는 계획과 실천을 동시에 하는 편이다. 특히 생각나는 것이 있으면 바로 실천하는 편이다. 그것이 나를 위한 일이든 남을 위한

---

5) 『이 책은 돈 버는 법에 관한 이야기』, 고명환

봉사이든 비즈니스에 관련된 것이든 바로바로 실천한다. 실천도 근육이 필요하다. 실천이 쌓이면 습관이 되고 습관이 성공하는 사람을 만든다. 프랑스 허미니아 아이바라 교수의 성공한 사람들을 분석해보니 성공하는 사람들이 행동하기 전에 진정 자신이 원하는 것을 알고 시작하지 않았다고 한다. 되려 디테일한 계획보다는 일단 행동 먼저 하고 실패를 겪으면 다시 질문하고 수정하여 다시 행동하는 과정을 통해서 성공했다고 한다.

여행도 마찬가지이다. 이래저래 따지면 평생 가지 못한다. 젊어서는 돈이 없고 중년이 되면 시간이 없고 노년이 되면 힘이 없다고 핑계만 생긴다. 결국 오늘도 실천하지 못한 자는 평생 실천하지 못한다. 맨날 계획만 세우고 실천하지 못하는 인생을 많이 보았다. 이제 50을 살아보니 그 사람의 성격과 실행 능력을 보면 이 사람이 성공할지 못할지 견적이 나온다. 우리 아이들은 둘 다 예술 쪽이지만 나를 닮아서 생각나는 것은 무조건 하는 스타일이다. 그런 도전정신과 실험정신이 좋다.

좀 더 정확하게 말하면, 우주에서 온 힌트가 무엇인지 정확하게 모르더라도 왠지 해야 할 것 같은 기분이 들면 일단 행동으로 옮기는 사람이 기적을 만들어 낸다. 그렇다! 마음속에서 '문득 떠오른 것'이 '우주에서 온 힌트'인지 정확하게 알 수는 없더라도 일단 행동하는 사람이어야 한다. 그렇게 행동으로 옮기는 사람에게만 보이는 새로운 세계와 미래가 있다. 나는 그렇게 확신한다.

—『2억 빚을 진 내가 뒤늦게 알게 된 소~오름 돋는 우주의 법칙』
고이케 히로시

예전에 유튜브에서 90대 노인분이 배낭을 메고 여행하는 스토리를 보았다. 젊을 때는 전 세계를 다녔고 지금도 전국을 배낭 메고 돌아다니신다. 그리고 책을 항상 읽고 가끔 강의도 하신다. 언제 떠날지 모르는 인생이지만 시간을 허투루 쓰지 않는다. 목에 건 주머니에 자신의 유언을 가지고 다닌다. 혹시 모를 유사시에 자신의 연락처와 자신의 뒤처리를 해주는 분께 고마움을 표시하기 위한 조금의 돈, 연락처 등이 담겨있다. 항상 죽음을 준비하되 오늘도 인생을 충만하게 사시는 분이다.

지금 생각이 난다면 빨리 행동하라. 최근 읽은 책 중에 공감 가는 구절. 나 같은 사람을 여기 써놓아서 안심된다.

고수는 빠르다. 말도 빠르고 눈치도 빠르고 행동도 빠르다. GE의 잭 웰치 회장은 말이 속사포처럼 빠르다. 쉬지 않고 질문을 해대는 통에 웬만한 사람은 견딜 수 없다. 머리도 빨리 움직이고 성격도 급하기 때문이다. 말이 짧은 이유는 한눈에 사태를 파악하기 때문이다. 하수는 길고 느릿느릿하다. 눈치를 보기 때문이다. 관료적인 조직에서 오래 일하면 말이 길고 느려진다. 명 짧은 놈은 숨이 넘어간다. 인내심을 갖고 들어도 별 내용도 없다. 답답한 노릇이다.

—『일생에 한 번은 고수를 만나라』, 한근태

실행력이 생명이다. 최근에 읽은 책 중에 『아웃풋 트레이닝』이란 책은 실행력도 훈련으로 키울 수 있다고 한다.

한 달에 3권 독서를 하는 사람'과 '한 달에 10권 독서를 하는 사람'이 있다면 어느 쪽이 더 성장할까요? 대부분의 사람이 '책을 많이 읽으면 다양한 지식을 터득할 수 있으니 더 많이 읽는 사람이 성장할 수 있다'고 생각합니다. 하지만 그건 착각입니다. 인풋의 양과 자기 성장의 양은 전혀 비례하지 않습니다. 중요한 것은 인풋의 양이 아니라 아웃풋의 양입니다.

— 『아웃풋 트레이닝』, 가바사와 시온

하루에 조그만 것 하나씩만 시작해 보자. 너무 거창할 필요도 없다. Just do it! 행운은 용기 있는 자의 것이다(포춘 쿠키 Fortune cookie에서).

오늘 할 일을 내일로 미루지 말라. 파킨슨의 법칙이라고 있다. 시간 기한은 주어진 대로 일도 늘어진다. 지금 생각날 때 바로 하라. 테슬라의 일론 머스크는 직원들에게 프로젝트를 줄 때 시간 기한을 짧게 만드는 것으로 유명하다. 밑에서 일하는 직원은 피곤하지만 결국 일을 달성하고야 만다. 시간 기한은 짧게 행동은 빠르게 해야 살아남을 수 있다. 이것이 요즘 뜨는 '애자일(Agile) 경영'이다.

그렇다고 24시간 빠를 필요는 없다. 망중한도 누리고 번아웃되지 않게 사색과 쉼의 시간도 필요하다. 내가 좋아하는 구절 중에 하나가 '천천히 그리고 빠르게(페스티나 렌테 Festina lente)'라는 말이다. 은 '서둘러라'를 의미하는 'festina'와 '천천히'를 의미하는 'lente'의 합성어다. 원래 아우구스투스 황제가 카이사르가 암살된 이후 이 말을 자신의 좌우명으로 삼았다고 한다. 로마의 최고

평화로운 시기를 41년 동안 누리게 된 비결이다. 천천히 깊게 생각하되 결정되면 빨리 행동해야 한다. 이것이 비즈니스이든 삶에서든 마찬가지다.

결단력이 부족한 것은 잘못 실행하는 것보다 더 해롭다. 물질도 흐를 때보다 정체되어 있을 때 더 망가진다. 매사에 결정을 내리지 못해 다른 사람의 지시가 필요한 사람이 있다. 그런데 이들은 대개 판단력이 흐린 게 아니다. 판단은 분명하게 하지만, 결단력이 없기 때문이다.

— 『사람을 얻는 지혜』, 발타자르 그라시안

인생의 힘든 일을 만나거든

인생을 살다 보면 희로애락이 생긴다. 항상 기쁠 수도 없고 항상 고통스러울 수도 없다. 고통을 만나거든 회피하지 말고 즐겨라. 인생에는 '고통의 총량'의 법칙이 있다고 생각한다. 자기에게 떨어진 고통을 묵묵히 이겨내고 삶을 끝까지 사랑하라. 이것이 신이 우리에게 주신 인생의 숙제이다. 피하면 더 큰 숙제가 기다린다. 숙제를 풀 때까지 주신다. 누구는 금수저로 인생의 고민이 없다고 부러워하지 마라. 그들은 그만큼 많은 재산과 시간을 남을 위해 쓰지 못한 것들을 심판받을 날이 온다.

내가 좋아하는 성경 중에 야고보서(5:1-3)에 "들으라 부한 자들아 너희에게 임할 고생으로 말미암아 울고 통곡하라. 너희 재물은 썩었고 너희 옷은 좀먹었으며 너희 금과 은은 녹아 숨었으니 이 녹이 너희에게 증거가 되며 불같이 너희 살을 먹으리라 너희가 말세에 재물을 쌓았도다"라고 한다. 인생 금수저들이여 그 재물을 청지기로 남을 위해 쓰지 않으면 통탄할 지어다….

여행은 문제를 해결하는 과정이다. 아무리 계획을 잘 짜도 변수가 발생한다. 그러나 정신만 차리면 살아날 구멍이 있다. 일단 차분히 진정한다. 그리고 대안들을 생각한다. 그중에 가장 쉽고 빠르게 할 수 있는 대안을 실행한다. 빠른 실패와 빠른 수정이 여행과 일과 인생에도 똑같이 적용된다. 성공이란 실패들의 결과이다. 실패와 문제들을 두려워하지 말자.

인간의 네 부류

인간은 네 가지인 것 같다. 어디에 속하는지 평가해 보라. D는 최악이다. 대부분 B와 C이다. 한국에 보니 D가 점점 많아지고 끔찍한 사건들도 많이 나온다. 여름철이면 아무 데서나 차박하고 취사 금지 구역에서 음식을 해 먹고 좋은 사람은 못 돼도 진상은 되지 말자. B의 경우도 평생 저러다 인생 가는 사람이 대부분이다. 인생의 의미를 찾는 A부류가 많아져야 하는 세상이다. 결국 A 중에 좋은 기버(아담 그랜트 교수의 『Giver』)가 많이 나오고 자신 또한 잘 되는 사람이 되어야 한다(저자의 책『포스트 코로나: 호모 부스터가 온다』참조).

네 가지 유형에 이름을 붙였다. 당신은 어느 유형에 속하는가?

A	자신이 잘 되든 안 되든 남을 살피며 돕는 사람	'호모 부스터'(저자의 책 제목)
B	평생 자신 살아가기에 급급한 사람	'노예'(대부분의 99% 사람들)
C	자신은 잘 되었지만 남은 안 돕는 사람	'낙타'(성경에선 낙타가 바늘귀 통과하는 것만큼 천국 가기 어렵다고 함)
D	자신이 잘 되건 못되건 남에게 해악을 미치는 사람	'괴물'은 되지 말자

미주 중앙일보 칼럼(파리 여행 후 기고한 글)

프랑스 이민 사회에서 얻는 교훈

필자는 최근 파리에 세미나 참석차 다녀왔다. 처음 가봐서 마음도 설레고 많은 예술품을 보고 낭만의 도시를 느낄 기대감이 컸다. 그러나 최근에 일어난 파리에서의 젊은 이민자들의 폭동으로 출발 전까지 조마조마하였다. 마침 필자가 세미나 겸해 머무른 동네가 공항 옆에 이민자들이 많이 사는 지역이었다.

세미나가 열린 곳은 많은 아랍인들과 아프리카 흑인들이 사는 지역이었다. 백인이라고는 볼 수 없는 지역이었고 파리 타운에 가려고 타는 전철에서는 여기가 중동인지 아프리카인지 분간할 수 없을 만큼 아랍과 아프리카 이민자들이 많았다. 물론 다민족이 사는 미국의 LA에 사는 나도 다양한 인종에 익숙했지만 파리엔 너무나 많은 아랍 무슬림들과 흑인들을 보고 놀라지 않을 수 없었다.

프랑스는 역사적으로 많은 북아프리카 지역의 국가들을 식민지로 삼았고 많은 이주민들이 프랑스의 노동력을 위해서 많이 유입되었다. 1, 2차 세계대전을 통해서 일어난 전쟁 복구에 노동력이 필요했고 많은 이주자들이 오게 되었다. 그러나 그들 이민자들은 프랑스의 주류사회에 적응하지 못했고 프랑스도 이들을 사회에 잘 적응하도록 하는 데 실패하였다. 최근에 일어나 폭동도 젊은 이민자 청소년의 불심검문 과정에서 죽어서 촉발되었지만 근본적인 문제는 깊은 이민자들의 프랑스 사회에 대한 갈등의 표출이다.

파리에서 수많은 예술품을 보았다. 그러나 그 뒷면에는 전쟁과 식민 통치로 인한 약탈품들이라는 불편한 진실을 담고 있다. 보통 프랑스 식민지들은 독립해도 영국 식민지에 비해 못 사는 나라들이 많다. 가까운 아이티만 해도 프랑스 식민지이나 수탈만 할 뿐 사회 인프라를 전혀 깔아놓지도 않았고 식민지에 병원, 학교도 지어주지 않았다. 아이티 선교 가보면 발전을 할래야 할 수 있는 인프라가 전혀 없다. 우아한 문화국가라는 프랑스의 이면에는 이러한 부끄러운 역사를 가지고 있다.

미국에 돌아와 보니 여기도 코로나 이후에 더욱 심해진 인종 간의 갈등과 혐오가 만만치 않다. 그나마 미국은 프랑스만큼 이민자들이 슬럼가나 게토 지역에 몰려서 살지 않는다. 미국 이민자들은 사회에 잘 적응하고 노력한 만큼 이루어지는 아메리칸드림을 꿈꾸며 산다. 필자는 지난 몇 년 동안 난민을 돕는 사역을 하고 있다. 최근에는 우리 팀에서 아프간과 베네수엘라에서 넘어온 부모 없는 18세 청년 4명을 돌보고 있다. 이들이 직업을 얻고 교육을 이어가게 하여 미국 생활에 잘 적응시키는 것이 목적이다.

이 아이들 중에 애플의 스티브 잡스(시리아계 이민자)가 나오지 말라는 법이 없다. 우리는 그들이 미국 사회에 잘 적응하고 좋은 시민이 되도록 해야 한다. 우리 한인 이민자들도 먼저 온 이민 선배로서 미국이라는 사회에 이바지해야 한다. 교회마다 여름 단기 선교 나가느라 바쁜 시즌이다. 그러나 멀리 선교를 나가지 않아도 이미 많은 무슬림들이 우리를 위해 난민으로 찾아온 것이다. 미국에 온 아프간 난민들은 사회고위층이 많다. 단기 선교를 가도 이러한 고위층 무슬림들 만나기도 쉽지 않다. 선교가 이벤트가 아니라 일상에서 실천할 수 있는 총체적인 신앙이 필요할 때이다.

나폴레옹 이야기

이번에 파리를 가기 전에 프랑스 역사를 유튜브를 통해 공부하였다. 그중에 눈의 계속 맴도는 사람이 나폴레옹이다. 프랑스 역사의 한 획을 긋는 영웅이면서 유럽의 역사가 그의 영향력이 미치지 않은 곳이 없을 만큼 그 시대를 주름잡았던 사람이다. 내가 한국에서 '이순신' 장군을 좋아한 것은 전쟁의 신이면서 '생각하는 사고능력'과 '용기', '사명', '리더십' 등을 갖춘 완벽에 가까운 인간이라는 점인데 나폴레옹도 그와 같은 역량들을 고추 갖춘 사람이기 때문이다.

나폴레옹은 코르시카섬(프랑스령이지만 이탈리아에 가깝고 이탈리아 사람이라고 봐도 됨)의 하급 귀족 가문 출신의 군인으로, 프랑스 혁명 시기에 벌어진 전쟁에서 큰 공을 세우며 국민적 영웅이 되었고, 쿠데타를 통해 제1통령이 된 후 종신 통령을 거쳐서 황제에 즉위했다. 나폴레옹은 파리 육군사관학교에 재학 중에 육군 포병 소위로 임관하였다. 프랑스 제1공화국 시절인 1793년에 툴롱 포위전에 참여하여 승리를 이끈 후 준장으로 진급하여 24살에 장군이 되었다. 1796년에는 이탈리아 원정에서 대성공을 거두는 등 제1차 대프랑스 동맹 전쟁에서 강력한 반 프랑스 동맹군을 상대로 연승하면서 군인으로서 승승장구하였다. 6)

그는 포병의 달인이었다. 이순신 장군 또한 조총을 가진 일본 수군을 이긴 것도 포병 기술의 장점을 이용한 수군 전략이었다. 한 가지 자기가 잘하는 부분이 있으면 그것을 십분 활용하여 유리하게 쓰는 것도 능력이다. 첫 툴롱 포위전에서 영국 해군을 대파했다. 그 당시에 장교들에게 포병 보직은 좋은 보직이 아니었다. 귀족의 자녀들은 무언가 멋들어진 기병대 같은 것을 하지만 포병은 후방에서 별로 드러나지도 않는 3D 보직이었다. 시골 출신의 나폴레옹은 틈새시장을 노린 것이다. 남들이 안 하는 분야를 잘 해내는 것도 좋은 전략이다. 모두 다 의사를 할 필요도 없다. 나 같은 경우에도 미국에 이민 와서 식품공장에서 품질관리 매니저를 하여 지금 내 컨설팅 비즈니스를 하게 된 계기가 되었다. 용의 꼬리보다 닭의 머리가 낫다.

나폴레옹은 지독한 독서광이다. 그게 책을 수레에 담아 전쟁터에도 끌고 다니며 읽었다고 한다. 그의 탁월함은 지속적인 공부

6) 위키피디아

와 사고력이다. 남들이 보지 못한 것을 보려면 독서가 중요하다. 그리고 그는 하루에 몇 시간 안 자는 대신 낮잠을 즐겨 했다고 한다. 나 역시 컨설팅 일이라 하루 어느 정도 일을 하다 보면 뇌의 에너지가 떨어질 때가 있다. 이럴 때는 낮잠을 자고 나면 머리가 맑아진다.

나폴레옹이 한 전쟁 중 한 전략 중에 군대의 경량화와 속도전이라 볼 수 있다. 마치 몽골 제국의 기마병처럼 - 몽골의 기마병은 군수부대 없이 자기가 자기 먹을 것을 들고 다녔다. 주로 육포를 먹었으며 속도가 생명이었다 - 군수부대를 별도로 두지 않고 군수는 현지 조달하는 전략을 써서 군대를 가볍게 하였다. 현재 우리 비즈니스나 삶고 너무 거추장스러운 게 많다. 본질을 안다면 본질에 충실해질 수 있고 그게 애자일 경영, 린경영이 되고 개인에게는 미니멀리스트가 될 수 있도록 한다.

또 하나는 나폴레옹은 남들의 예상을 뛰어넘는 전략을 구사한다.

1798년 프랑스 혁명 전쟁의 일환으로 나폴레옹은 당시 오스만 제국의 속주였던 이집트를 침공하여 정복할 준비를 했다. 그러한 군사 행동은 프랑스의 무역 이익을 확보하고, 영국이 인도에 접근하는 것을 방해하는 등 수많은 이익을 약속했다. 1798년 7월 1일, 나폴레옹은 이집트 해안에 상륙했다. 수많은 사상자를 낸 길고, 연쇄적인 격돌 끝에, 전역은 오스만-영국의 승리로 이어졌다. 나폴레옹은 프랑스로부터 오스트리아군이 이탈리아를 탈환했다는 소식을 듣고 파리로 돌아가기로 결정했다.

우위를 회복하기 위해 그는 치살피나 공화국에 주둔한 오스트리아군에 대한 기습공격을 계획했다. 오스트리아군이 나폴레옹의 대규모 군대가 알프스를 횡단할 수 있을 거라고는 결코 예상하지 못할 것이라는 가정에 따라 그는 그곳을 경로로 선택했다. 그는 알프스를 통과하는 최단 경로인 그랑 생베르나르 고개를 선택하여 가능한 한 빨리 목적지에 도달할 수 있었다. 7)

포를 끌고 말이 알프스를 넘는다는 것은 과히 상상할 수 없는 일이다. 보급부대도 없으니 지역을 통과하는 마을에서 식량을 구하고 군수자원을 지원해 준 마을에 약속보증서를 발급하였다. 예전에 '걸어서 세계 속으로'라는 프로그램에 한 스위스 마을의 후손이 그 약속보증서를 보여주기도 하였다. 나중에 나폴레옹이 황제가 된 뒤에 그 약속보증서를 모르는 체했고 최근에 들어서야 프랑스 정부가 보상해 줬다는 뒷이야기가 있다.

요즘 기업 환경을 보면 남들의 예상을 뛰어넘어야 살아남는다. 애플이나 테슬라처럼 대중이 뭘 원하는지 모를 때 새로운 콘셉트를 제시해야 시장을 선도할 수 있다. 나폴레옹은 그러한 면에서

알프스를 넘는 나폴레옹.
영국 리버풀 워커 갤러리 소장

7) 위키피디아

혁신가였다.

나폴레옹의 전성기인 19세기 초의 프랑스는 유럽에 패권국가로 등장해서 위상을 높였다. 그러나 그도 실패하였다. 무리한 러시아 원정(1812년)과 워털루 전투(1815년)에서 패배하면서 그의 전성기도 막을 내리게 된다. 하지만 그가 한 업적들은 프랑스에 지대한 영향을 미쳤다. 프랑스 민법을 만든 장본인이며 루브르 박물관에 가보면 전리품으로 전 세계에서 약탈한 유물들이 엄청나게 많다. 최초의 프랑스 황제가 된 시골 출신 나폴레옹은 흙수저에서 금수저로 되기까지의 과정과 자기 관리의 신이라 불릴 만하다. 지금은 빠른 결정력과 실행력이 필요한 시대이다.

나폴레옹의 관과 초상화

유럽은 왜 점점 더 못 살게 될까

유럽과 미국은 세계 경제를 이끄는 양대 산맥이었다. 그러나 얼마 전 EU는 중국보다 GDP가 떨어지더니 이제는 미국과 거의 두배 차이가 나려고 한다(2008년에는 거의 같다가 지금은 26조 vs 16조로 거의 두 배 차이 나려고 함). 경기도 안 좋아지는데 난민들은 유입되고 노령화 현상에 앞으로도 전망이 좋지 않다. 그나마 조상들 잘만난 덕에 관광으로 버티고 있다. 영국도 요즘 브렉시트 이후에 정신을 못 차리고 있다 인구의 약 20%가 먹을 게 없어서 굶을 정도라고 한다.

EU와 미국의 차이는 무엇일까? 그것은 혁신이 부족이라 생각한다. 미국은 거대한 시스템으로 혁신이 이루어진 나라이다. 거대한 땅에 하나의 시스템으로 되어 있는 효율적인 나라이다. 뉴욕은 금융의 중심, 산호세는 IT의 혁신, 할리우드는 문화의 중심 등이 미국을 떠받치고 있다. 반면 유럽은 조상이 준 걸로 먹고 관광산업에 의존하며 전통 제조업에 선전할 뿐 혁신적인 기업가들이 많이 배출되지 못한다. 역사에 갇혀서 다음 것을 만들지 못한다. 유럽의 도시에 가면 멋있기는 하지만 거기서 사는 사람들의 삶은 피곤하다.

한국은 기존의 건물들을 빨리 부수고 새로 짓는 것에 능하다. 한국 방문 시마다 랜드마크가 바뀌어서 몇 년 지나면 같은 동네도 알아보기 힘들다. 장단점이 있다. 그만큼 한국은 새로운 것들을 추구하고 혁신하기 좋아한다. K-Culture의 힘과 혁신적 기업들이 한국을 버티게 하는 것 같다. 개인의 삶도, 국가도, 교회도,

비즈니스도 혁신하지 않으면 살아남지 못한다. 일신우일신 할지어다.

인생 후반전, 잉여 인간 되지 않기

한국의 근로자들은 평균 53세에 퇴직하는 것으로 조사되었지만, 퇴직자들은 65~70세까지 일을 하고 싶어 한다. 그러나 은퇴자들 중에서 자아 성취를 위해 다양한 사회봉사를 하는 비율은 7%에 불과하며, 자기 계발을 위해 학습을 하는 비율 25%에 불과하다고 한다.

—『인생 후반전 리스타트』, 김병기

이 책에서 지구상 가장 장수한 사람이 이경원(1677~1933)이라는 인물로 청나라에서 중화민국 초기까지 산 사람이 있다. 믿을 수가 없어서 여러 인터넷 자료를 찾았지만 맞는 얘기 같았다. 그러나 이런 장수 얘기는 허구 같은 얘기가 아니다. 최근에는 평균 수명이 길어져서 생명 보험을 들어도 120세로 기준으로 한다. 아마 십 년 뒤 이 십 년 뒤에 평균 수명은 더 길어질 것이며 생명공학과 로봇 기술의 발달로 인간과 기계의 결합이 급속도로 진전될 것이다.

오래 사는 것이 축복일까 저주일까? 아무런 인생의 목적과 꿈이 없으면 고역이다. 올해 50이 된 나는 나머지 얼마일지 모르는 인생을 살아야 한다. 이제부터 시작이다. 덤으로 주어진 인생이

기도 하고 또다시 태어난 새로 시작하는 인생일 수 있어서 가슴이 두근거린다.

오래 살아남기보다 인생을 제대로 사는 데 집중하라. 그렇기 때문에 백발이 성성한 머리카락이나 깊은 주름만 보고 살 만큼 살았다고 섣불리 판단해서는 안 된다. 백발의 노인은 그저 오래 살아남은 것이지 제대로 인생을 살았다고는 단언할 수 없기 때문이다. 출항하자마자 거센 폭풍우를 만나 사방에서 불어오는 바람에 실려 똑같은 자리를 빙빙 맴돌며 표류했다고 해서, 오랜 항해를 마쳤다고 볼 수는 없는 일이 아닌가. 그저 물에 오래 떠 있었던 것이지 제대로 항해를 한 것은 아닐 테니까 말이다.

—『세네카의 말』, 루키우스 안나이우스 세네카

나이 들어가면서 부동산, 현금, 주식 같은 유형자산만 준비하면 안 된다. 좋은 친구, 공부하기, 취미활동, 사회봉사, 여행 등의 무형자산이 더 중요하다. 나는 돈 버는 것보다 많은 것을 경험함, 멋있게 찍은 사진들, 책 메모가 나의 재산이다. 돈만 있고 할 게 없는 것도 고역이다. 자신만을 위해서 쓰는 것이 아니라 사회에 환원하고 죽을 때까지 자기 성장하는 것이 필요하다. 인생을 줏대 있게 살자.

자기가 잘하고 좋아하는 일을 찾아내어 그 일을 평생 그치지 않고 계속해서 시간이 지나 늙은 사람이 되었을 때, 자기가 꿈꾸는 사람이 된 자신을 만나는 것이 성공이다. 다른 사람을 따라 하는 것은 성공이 아니다. 그 사람의 성공일 뿐이다. 내 성공은 내 안에 있다. 내가 꿈꾸는 사람을 내가 만나는 것, 그것이 성공이다. 일흔을 훌쩍 넘은 나도, 내가 꿈꾸던 그 사람을 지금 만나러 가는 길이다.

— 『약속하건대, 분명 좋아질 거예요』, 나태주

나는 인생의 절반을 살았다. 50 지천명이면 자기가 나와 남을 위해 해야 할 일과 하고 싶은 일 알고 실천해야 하는 나이이다.

인생을 두 번째로 살고 있는 것처럼 살아라. 그리고 지금 당신이 막 하려고 하는 행동이 첫 번째 인생에서 이미 그릇되게 했던 바로 그 행동이라고 생각하라.

— 빅터 프랭클

나는 MBTI가 싫다. 사람을 틀에 가둔다. 나는 청개구리다. 나는 사람들이 하는 것을 반대로 하기 좋아하는 사람이다. 권위적인 것이 싫고 위선적인 것도 싫고 생각 없이 대중을 따르는 것이 싫다. 인생 반평생 남이 하라는 대로 하는 인생을 살았으니 나머지 인생은 내가 하고픈 일을 하자.

산다는 것은 숨을 쉬는 것이 아니라 행동하는 것이다.
…
가장 오래 산 사람은 가장 장수한 사람이 아니라 인생을 가장 많이 느낀 사람이다.

— 『에밀』, 장 자크 루소

목적이 있고 꿈이 있어야 하루를 충만하게 여생을 충만하게 살
수 있다.

꿈을 실현하는 데 시간을 쓰고자 해도 꿈이 없으면 불가능하다.
꿈이 없는 사람에게 아무리 자유시간을 주어도 그저 흘려보낼 뿐
이다. 애초에 하고 싶은 일이 없으니 시간을 한가롭게 보낸다. '좋
아하는 일'이 없는 사람은 한가한 시간에 한없이 지루함이 밀려온
다. '좋아하는 일'을 찾으면 하고 싶은 일들이 떠오르고, 그것을 하
기 위해 시간을 구조화하게 된다.

— 『시간 연금술』, 미야자키 신지

"…세계의 모든 어둠과 악이 총동원되었어도
결코 굴복시킬 수 없는 한 사람이 살아 있다면
저들은 총체적으로 실패하고 패배한 것이다
삶은 기적이다
인간은 신비이다
희망은 불멸이다
그대, 희미한 불빛만 살아 있다면
그러니 그대 사라지지 말아라"

— 〈그러니 그대 사라지지 말아라〉 중에서, 박노해

공멸의 시대

요즘 세상을 무엇이라 부를까…. '공멸의 시대'라 부르고 싶다. 인간 욕망의 시스템은 기후 위기를 극복하지 못할 것이다. 지구 역사를 보면 그동안 5번의 대멸절 시기가 있었다고 한다. 6번째 대멸절의 시대가 멀지 않았다. 지금 갑자기 꿀벌이 사라지고 있는데 하나의 징후이다. 여기저기 산불이 나고 홍수가 나고 말세이다. 지금 베르나르 베르베르의 『꿀벌의 예언』을 읽는 중인데 꿀벌이 사라지고 식량부족으로 인한 인간의 미래를 담은 소설이다. 먼 후가 아니라 지금 얘기인 것 같다. 기후재앙에 대응하기에는 이미 늦었고 우리가 할 수 있는 일은 많이 없다. 다만, 우리가 노력한 만큼 신은 우리를 기억할 것이다. 우리는 욕망의 시스템에 다 같이 승차한 죄인이다.

한국의 끔찍한 분노 범죄 뉴스를 보면서 인간들의 한계가 극에 달한 듯하다. 이기적인 엘리트 집단들이 사회를 제대로 이끌지 못하며 각종 이기적인 집단들이 사회를 멍들게 하고 있다. 모두 다 의사를 하려 하고 부동산들은 영끌로 망해가고 있으며 학부모가 갑질을 하며 자기 아이들이 왕인 듯 모시는 사회. 병들어 있는 사회이다.

그나마 세상의 빛과 소금이 되어야 할 교회의 상황은 더하다. 빛과 소금은커녕 각종 세습과 불륜 등으로 세상의 암이 되고 있는 현실을 보면 안타깝다. 한국에서는 정신 차리고 각자도생해야 한다. 타인에게도 무관심한 사회. 그야말로 헬조선이다. 다 같이 공멸하고 살도 썩어서 곪아 터져야 새살이 돋을 것이다. 다 같이 공멸해야 한다. 더 허물어지고 다시 세워야 한다.

'존 말코비치 되기' 영화에서 크레이그는 '나는 누구인가? 나는 타인의 시선에 갇힌 욕망인가' 헷갈려 한다. 나한테도 질문을 던진다. 한국 사회는 너무나 내가 아닌 남의 시선에 갇혀 사는 것 같다. 그러니 타인의 욕망처럼 살지 못하면 스트레스를 받는다. 내가 나 자신이 되는 과정이 인생이다. 니즈(Needs)와 원츠(Wants)를 제대로 알아야 한다. 과연 내가 원하는 것이 무엇인지, 무엇이 진짜 필요한지 말이다.

미래는 콘텐츠의 시대이다. 나만의 스토리를 찾아야 한다. 앞으로 꿈이 없는 사람은 도태된다.

> 세상은 물질적인 재화를 사고파는 산업사회에서 정보와 지식을 사고파는 정보사회를 거쳐 마침내 만족과 욕망, 자부심, 스토리 같은 꿈의 가치를 사고파는 꿈의 사회로 진화할 것이다.
>
> ─『끈기보다 끊기』, 유영만

* 밀리의 서재. 얀센의 드림 소사이어티가 생각난다.

쉬어가며, 내가 쓴 시들(1)

행복할 때

이종찬

책장에 좋은 책들 많을 때

책 읽다 깨달음을 얻었을 때

하루에 내가 성장했음을 느낄 때

남을 도와줄 때

집에 초코파이가 남아 있을 때

여행 준비할 때

여행지 있을 때

여행에서 돌아왔을 때

강아지 둘리가 새벽에 와서 반갑다 뽀뽀할 때

해지는 석양을 바라볼 때

동네 트레일 맨발로 걸을 때

비즈니스 체크가 왔을 때

나로 인해서 삶의 의미를 찾는 사람이 생겼을 때

힘들 때 나를 도와 줄 친구들이 있을 때

나는 오늘도 행복한 하루.

걷는 것이 주는 행복

걷는 것이 나를 살렸다. 산티아고 이전에 여러 일들로 스트레스를 많이 받았는지 건강에 사인들이 오기 시작했다. 그러나 산티아고 순례길 이후에 몸과 마음이 건강해졌다. 그 후 나는 매일 한두 시간 일주일에 2~4회 정도 걷는다. 이제는 매일 맨발로도 걷는다. 자연과 교감하면서 나의 정신과 육체가 매일 정화되는 듯하다. 이제는 나만의 루틴이 되었다. 아침에 5~6시에 기상하고 성경 구절 묵상하고 이메일들을 체크한다. 그리고 둘째를 학교에 라이드한 뒤 9시 반 정도에 1시간 반 정도의 나만의 하이킹 의식을 한다. 무라카미 하루키가 조깅이나 수영을 꼭 하는 것처럼 하이킹도 나만의 일과 글쓰기의 루틴이다. 건축가 안도 타다오도 80이 넘은 나이임에도 하루 만 보를 꼭 걷는다 한다. 그는 '청춘은 꿈과 목표를 가지는 것'이라고 하면서 만 보 걷기가 창조력의 근원이라고 한다. 그는 건축물들을 보면 희망을 주는 건축들이다.

규칙적인 걷기는 에너지 수준을 높이고 전반적인 활력을 향상시키는 데 도움이 된다. 걷기는 수면의 질을 향상시켜 주고 뇌 기능을 개선 시켜 창의성을 높여 준다. 정기적으로 걷는 것은 당뇨병, 심장 질환 및 만성 질환 발병 위험을 줄이는 데 많은 도움이 된다.

또한 걷기는 친구와 함께 걷든 걷기 그룹에 가입하든 다른 사람들과 대화가 가능한 운동이라 사회성이 좋아진다. 운동 중에 이처럼 안전이 보장되고 비용이 적게 들면서 좋은 운동이 없다.

내가 제안하는 운동은 돈이 들어가지 않는다. 그냥 아침마다 한 시간씩 걷기만 하면 된다.

무라카미 하루키의 루틴은 정말 존경스러울 정도다. 매일 일정시간 달리기와 수영으로 몸을 만들고, 하루에 다섯 시간 동안 책상에 앉아 200자 원고지 20매를 쓴단다.

N잡러 하기 훈련

토마스 만의 경우도 마찬가지다. 글은 잘 썼지만 그 외에는 딱히 잘하는 게 없었다. 다른 작가들의 경우도 별반 다르지 않았다. 파블로 피카소도 그림은 잘 그렸지만, 그 외의 것은 잘하지 못했다. 이것은 거의 대부분의 화가들이 가진 '운명'이기도 했다. 모차르트 또한 작곡은 잘 했지만 그 외에 강점이라고 알려진 것은 없다. 다른 작곡가들도 대부분 상황은 비슷하다. 특히 모차르트는 일상생활을 하기에 부적합한 사람이었다. 하지만 모차르트에게 음악 외에 다른 것을 기대하는 사람은 없었다. 그래서 아무런 문제가 되지 않았던 것이다.

...

그래서 별다른 노력 없이도 물리와 수학에서 좋은 점수를 받을 수 있었다. 하지만 아인슈타인이 하고 싶었던 일은 따로 있었다. 아인슈타인의 가슴을 뛰게 하고 열정을 쏟아부었던 것은 바로 음악, 그중에서도 바이올린이었다. 아인슈타인은 위대한 바이올리니스트가 되기 위해 많은 노력을 기울였다. 하지만 아인슈타인의 바이올린 실력은 평균에도 미치지 못했다. 바이올린 연주에 필요한 조화로운 섬세함이 아인슈타인에게는 없었기 때문이다.

—『경영의 본질』, 프레드문트 말릭

타인의 시선에서 벗어나기

우리는 남의 시선을 의식하며 산다. 사르트르가 '타자는 지옥이다'라고 한 데서 타자의 시선에서 갇힌 나는 지옥을 맛보게 된다. 특히 한국 사회는 남의 시선을 너무나 의식하고 비교하면서 살다 보니 스트레스도 많다. 그만큼 자신의 개성과 취향보다는 남의 시선을 의식하면서 남의 욕망을 나의 욕망으로 모방하며 한 방향을 위해서 전체가 뛰어다닌다(르네 지라르의 '모방 이론'). 그렇다 보니 이루지 못한 욕망은 좌절되고 불안해지며 이제는 분노가 된다.

요즘 한국 뉴스에 나오는 '묻지마 흉기' 소동은 한국의 분노 사회가 극에 달했고 국민 모두가 좌절, 불안, 분노의 병든 상태임을 나타내고 있다. 내가 나 자신이 되어야 한다. 자신의 삶의 의미와 목적은 내가 찾아야 한다. 남이 찾아주는 것도 아니다. 특히 한국에 베스트셀러가 된 책을 보면 대부분 부에 관련된 책들이 주류를 이룬다. 빨리 부자가 되는 법, 부동산·주식 대박 나는 법에 관련된 책들이 베스트셀러가 되는 걸 보면 얼마나 병든 사회인지 알 수 있다.

시선을 벗어나기 위한 최근 독서 구절들 모음 세트

내가 내가 안되면 타인을 보는 시선은 부러움과 시기, 질투, 불안, 절망이 된다. 불특정 다수에 대한 흥기 난동은 나만 빼고 다 행복해 보인다는 절망감에서 나온다. "확신은 타인으로부터 나오는 것이 아닙니다. 타인으로부터 나오는 건 불안뿐입니다. 내가 걷는 길은 나만 알고 있고 나만 알 수 있습니다. 되고 싶다면 하면 되고, 하기 싫다면 바라지 않으면 됩니다.

—『당신은 결국 무엇이든 해내는 사람』, 김상현

대부분의 사람들이 목적 없이 사는 대로 생각하고 남들 하는 대로 살아간다. 그러니 항상 불안하고 죽음을 두려워한다. 성경에서처럼 죽음에 종노릇 하면 평생 메여 산다고 표현했다. 남에게 해를 입히고 선한 일도 하지 않고 눈앞의 이익만을 위해서 사는 인간들이 대부분이다.

죽음을 두려워하면 가치 있는 삶과 멀어진다. 죽음을 두려워하는 자는 절대로 가치 있는 삶을 영위할 수 없다. 하지만 세상에 태

어나는 순간부터 스스로 유한한 존재라는 것을 인지하고 주어진
조건에 맞추어 사는 사람은 강인한 정신력으로 단련되어 언제 어
디서 벌어질지 모르는 일들에 맞설 수 있다. 언젠가 자신에게 벌
어질 수도 있는 일에 대비함으로써 엄청난 불운으로 인한 충격을
경감시킬 수 있는 것이다. 항상 불운에 대비하고 있는 사람은 막
상 큰일이 닥쳐도 크게 놀라지 않지만 무사태평하게 운이나 바라
며 안일하게 사는 사람은 엄청난 충격을 받을 것이다.

—『세네카의 말』, 루키우스 안나이우스 세네카

내가 왜 여기 존재하는지, 그리고 뭘 해야 할지도 모르면서 그냥
대부분의 사람들이 하는 대로 따라 하며 살아왔으니까요.

—『세상 끝의 카페』, 존 스트레레키

『세상 끝의 카페』라는 소설은 인생에 큰 화두를 던지며 우리들
에게 생각의 물꼬를 여는 소설이다.

당신은 왜 여기 있습니까?
죽음이 두렵습니까?
충만한 삶을 살고 있습니까?

여기에 답하고 행동하기 위해 고민해야 한다. 그리고 실천해야
한다.
드러커의 질문들 - '나는 누구인가, 나는 어떻게 살기를 원하는
가, 이를 위해 어떤 일을 해야 하는가?'

우리가 태어나는 이유는 세 가지 때문이다.

1. 배우기 위해.
2. 경험하기 위해.
3. 실수를 바로잡기 위해.

— 『꿀벌의 예언 1』, 베르나르 베르베르

가장 중요한 것은 우리가 가야 할 길로 가지 않고 목동을 따르는 양 떼처럼 그저 많은 사람들이 가는 길로 향하지 않는 것이다. 사람들 사이에 떠드는 루머만 믿고 다들 좋아한다고 해서 맹목적으로 이를 향해 가는 것만큼 우리를 커다란 불행으로 이끄는 일은 없다.

이성을 따르지 않고 남들처럼 그들에게 맞춰진 공식에 따라 사는 것은 피해야 한다. 그렇게 살다 보면 앞 사람이 넘어지고 그 뒤로 줄줄이 넘어진 사람들이 높이 쌓여서 결국 몰락하게 된다.

— 『세네카의 말』, 루키우스 안나이우스 세네카

노르망디 상륙작전과 사후 확증 편향

노르망디 지역도 다녀왔다. 노르망디 상륙 작전은 2차 세계대전의 전세를 바꾼 터닝 포인트이다. 이 작전을 3년이나 준비했다고 한다. 연합군은 독일군을 속이기 위해 노르망디 북쪽에 칼레라는 항구도시에 상륙할 것이라는 속임수도 썼다. 철저한 준비에도 불구하고 여러 가지 변수가 있었다. D-day로 정한 날에는 날씨가 좋지 않아서 정작 임박해서는 D-day를 잠시 보류하기도 했다가 극적으로 날씨가 좋아져서 D-day보다 하루 뒤에 겨우 상륙했다고 한다.

독일군은 칼레에 병력을 집중하였다. 그러나 노르망디를 책임지는 독일의 명장 롬멜은 노르망디에 상륙할 것이라고 예상을 하고 병력을 증강하여 줄 것을 요청했지만 히틀러는 오판을 하게 된다. D-day에 노르망디에 연합군이 상륙했어도 여전히 기만술이라 생각하고 칼레에 본진이 상륙할 것으로 오판에 상륙 초기에 병력을 집중하여 방어하지 않았다.

인천상륙작전도 갯벌에 간만의 차이가 커서 쉽지 않은 작전이었다. 결국 성공의 요인으로 여러 가지를 분석하지만 결국 운이라고 생각한다. 하나님이 보우하시는 것이다. 이것을 심리학에서는 '사후 확증 편향'이라 한다. 경영학에서도 기업의 성공요건들을 케이스 스터디하여 분석한다. 하지만 여러 계획성에 의한 성공보다는 운이 상당 부분 작용했음을 CEO들은 시인한다. 운칠기삼이라고 하는 게 맞다.

미국이 세계 최강이 되기까지 운칠기삼이 너무 많다. 미국이 독립전쟁을 할 때, 1, 2차 세계대전을 치를 때 운이 많이 작용했다. 국가의 흥망성쇠에는 큰 흐름이 있고 무언가 신의 손가락이 움직임이 보인다. 사람이 계획할지라도 모든 것을 인도하시는 분은 하나님인 듯하다. 그러니 겸손히 성공한 것을 잘 나누는 국가나 사람이 되어야 한다.

파리의 전쟁기념관. 노르망디 상륙작전 시 수많은 군인들이 죽었다. 미국이란 나라가 수많은 희생으로 이루어진 나라이다. 젊은 영혼들을 추모하며…

건축 이야기

최근에 유현준 씨의 건축 관련 유튜브와 책을 읽으면서 건축에 관한 이야기에 흥미를 두게 되었다. 건축도 철학이다. 파리의 유명 건축물들을 보면서 그의 책의 구절이 떠오른다.

노트르담 대성당 vs 퐁피두 센터

노트르담 대성당은 공사는 국왕 루이 7세 시대인 1163년에 시작되어 1345년경에 완성되었다. 프랑스 고딕양식을 대표하는 건축물이다. 1793년 프랑스 혁명 때에 반기독교 사상에 의해 모독을 당했으며, 많은 성상이 손상되거나 파괴되었다. 성당의 내부는 말 먹이나 음식을 보관하기 위한 창고로 사용되었다. 2019년에는 보수 공사 중이던 첨탑 주변에서 화재가 발생했다. 화재는 첨탑과 해당 첨탑을 받치고 있는 목재 지붕을 무너뜨리고 약 10시간 동안 탔다고 한다. 많은 파리지앵들이 화재를 보면서 눈물을 흘렸다 한다. 아직도 보수작업 중이다.

퐁피두 센터는 프랑스 4대 대통령 조르주 퐁피두의 이름을 따서 만든 현대 미술관으로 1977년 개관을 하였다. 많은 현대미술품을 전시하고 있다. 건축물의 특징은 배관시설들이 밖으로 설치되어 마치 공장에 들어서는 느낌이다. 안에는 도서관도 있고 복합 문화 시설로 만들어 놓았다. 현대 건축의 상징물 중 하나이다.

'퐁피두 센터'처럼 구조체를 노출하고 기둥 사이의 간격을 넓히는 디자인 기법은 그리 새로운 것은 아니다. 특히나 프랑스는 오래전부터 하이테크 건축에 일가견이 있다고 할 수 있다. 13세기 프랑스에서는 고딕 성당을 건축하면서 스테인드글라스 창을 크게 만들고 싶어 했다. 문제는 지붕을 받치고 있는 구조체인 벽에 창문을 크게 뚫으면 건축물이 무너진다는 것이다. 이를 해결하기 위해 지붕 하중의 일부를 밖으로 뽑아서 벽의 외부에 독립된 기둥을 만들었다. 이때 지붕과 기둥을 연결하는 보가 '플라잉 버트레스(Flying Buttress)'다. 이름에 '플라잉'이 들어간 이유는 하늘을 나는 것처럼 보만 떠 있기 때문이다.

　　　　　　　　　　　　　　　—『유현준의 인문 건축 기행』, 유현준

퐁피두 센터와 노트르담 대성당

에펠탑

프랑스 혁명의 100주년을 기념하기 위해서 파리 만국 박람회를

1889년에 개최하기로 했다. 주최 측은 박람회 기념물을 겸하여 당대 새로이 도래한 철(鐵)의 시대를 상징하는 볼거리를 관람객들에게 제공하고자 여러 아이디어를 공모했다. 그 결과 구스타프 에펠의 제안한 철탑 건축안이 채택되었다. 에펠은 이미 수많은 철교를 건설한 교량 전문가였으며 하늘을 향해 솟은 수직구조의 철탑으로 사람들을 놀라게 해주려고 응모했었다. 아울러 그는 1885년에 미국 뉴욕에 '자유의 여신상'을 세우기 위한 철골구조

야경이 더 멋있는 에펠탑

　　　　길 위에서 나를 찾다

를 제작하는 등 풍부한 경험을 가지고 있었다. [8]

건립 당시 파리인들은 왜 이런 흉물들을 지어야 하냐고 불만을 표출했다고 한다. 이제는 파리를 상징하는 랜드마크가 되었으며 파리 관광의 제1 명소가 되고 있다. 낮에도 멋이 있지만 밤에 보는 야경은 더 멋있다. 밤이면 연인들 가족들이 자리를 펴고 앉아서 와인을 마시며 야경을 즐기고 있다. 우리 큰애들은 아빠랑 이런 낭만적인 야경을 보는 효자인 것 같다(언젠가는 여자친구와 야경을 보기를 바라며…).

루브르 박물관

루브르 박물관은 루브르 궁전 내부에 위치해 있다. 루브르 궁전은 12세기 후반 필립 2세의 명으로 착공되었는데, 그 당시만 해도 궁이 아닌 요새였다. 박물관 지하에 가면 옛날 요새로 썼던 해자 성벽을 전시하고 있다. 1682년 루이 14세가 베르사유 궁전에 거주하기로 결정하고 루브르를 왕실의 수집품을 전시하기 위한 장소로 쓰도록 했다. 그 후 프랑스 대혁명 당시, 국민회의는 루브르가 박물관으로서 국가의 걸작을 전시해야 한다고 선포고 박물관으로 사용하기 시작했다. 소장품 루브르 박물관의 소장품 규모는 2019년 기준으로 총 615,797점에 달한다고 한다. 이들 중 8개

---

8) 위키피디아

루브르 박물관의 피라미드 모형물

나폴레옹 황제의 대관식

길 위에서 나를 찾다

민중을 이끄는 자유의 여신

루브르 박물관에서 본 모나리자

전시관에 공개되는 작품 수는 35,000점에 달한다. [9]

루브르 박물관에 상징 건축물은 투명 피라미드 구조이다. 1984년에 프랑스의 프랑수아 미테랑 대통령의 의뢰를 받은 미국의 중국계 건축가인 I. M. 페이에 의해 설계되었다. 프랑스 시민들은 왜 이집트 모양의 건축물을 프랑스 박물관에 설치하는데 반대가 심하였다고 한다. 그것도 왜 미국인이 디자인을 해야 하냐고 반문했다. 기하학적 구조인 피라미드 구조에 투명한 창으로 안팎을 볼 수 있게 한 구조로 현대와 중세의 조화를 보여주는 건축물이다.

민중을 이끄는 자유의 여신은 프랑스의 화가 외젠 들라크루아가 그린 작품이다. 흔히들 프랑스 대혁명(1789년)을 상징하는 그림으로 알고 있지만, 정확히는 훨씬 뒤인

마리안느를 넣은 프랑스 정부 로고

1830년 7월 28일 샤를 10세가 물러나는 7월 혁명을 기념하기 위해 그린 그림이다. 깃발을 들고 있는 여인은 로마 신화의 자유의 여신 리베르타스라고 하는 설과 프랑스를 상징하는 의인화 캐릭터인 가장 흔한 여성 이름인 마리안(느)이라고 하는 설이 있다. 프랑스 정부 로고에도 사용되고 있다.

<hr />

9)   위키피디아

벨기에 여행

파리에서 벨기에로 하루 여행을 다녀왔다. 차로 몇 시간 걸리지 않는 거리였다. 브뤼셀과 브뤼헤를 다녀왔다. 벨기에의 수도이다. 벨기에의 한복판에 위치한 정치, 경제, 문화, 교통의 중심지이며, 유럽 연합(EU) 본부가 위치해 사실상 유럽 연합의 수도이다. 브뤼셀은 역사적으로 네덜란드어를 쓰는 플란데런 지역에 속했으며 현재 브뤼셀을 둘러싼 지역도 플란데런 지역이지만, 19세기부터 20세기 사이에 왈롱 지역에서 프랑스어를 사용하는 인구가 대거 유입돼 현재는 인구의 다수가 프랑스어를 쓰는 프랑스어 우위 지역이다. 옛날에 어릴 때 보던 '플란다스의 개'에서 그 '플란다스'가 이 지역이다.

그리고 벨기에는 초콜릿이 유명하다. 벨기에의 유일한 식민지였던 콩고에서 나오는 코코아를 가공하여 유명해졌다고 한다.

벨기에에는 감자튀김이 유명하고 원조라고 한다. 감자튀김을 '프렌치프라이'라고 하면 서운해한다. 왜 '벨지움후라이'라고 하지 않았을까? 1차 세계대전 때 미군이 벨기에에서 전투를 치렀다. 자연스레 감자튀김을 접하게 되었는데 당시 벨기에군은 프랑스어를 공용어로 사용하고 있었기 때문에 미군

빅토르 위고가 머물렀다는 건물.
표지가 남아있다

은 감자튀김을 '프렌치프라이'라고 부르기 시작했다고 한다.

브뤼셀 광장 코너에 한 건물에는『레미제라블』을 썼던 빅토르 위고가 머물렀던 하숙집 건물이 나온다. 당시 대통령 선거에서 위고는 루이 나폴레옹을 지지했지만, 곧이어 반동 정치가 시작되자 격렬하게 정부를 비판했다고 한다. 1851년 12월에 루이 나폴레옹이 쿠데타를 일으켜 제정을 선언하자, 반정부 인사로 낙인찍힌 위고는 벨기에로 피신하여 이곳에서 지냈다고 한다.

그랑 플라스 광장은 유럽에서 가장 아름답다고 극찬한 광장이다. 그리고 브뤼셀은 여러 만화 캐릭터의 고향이기도 하다. 그 덕분인지 도시는 어딘가 유쾌하고 즐거운 분위기가 가득하다. 스머프는 벨기에 작가 피에르 퀼리포르가 1958년에 만들었고, '탱탱의 모험', '아스테릭스' 등 다양한 작품들도 이곳에서 탄생했다고 한다.

브뤼헤

9세기 초대 플랑드르 백작인 보두앙 1세가 세운 요새가 도시의 기원으로 여겨진다. 12세기에 큰 해일이 바다에서 10km 이상 떨어진 브뤼헤를 덮쳤다. 당시에 남겨진 큰 홈에 운하를 만들고, 플랑드르 백작인 필립 1세 하에서 즈윈 만과 브뤼헤를 연결하는 수로가 정비되어 도시 전체에 수로를 둘러, 배로 교역에 편리한 항구도시를 만들었다. 브뤼헤는 북해에 나오는 관문으로서 적당한 장소가 되고, 영국과 북유럽과 지중해를 연결하는 교역은 13세기가 되면 한자 동맹의 재외 상관이 놓였으며, 1277년 제노바 상인이 대서양 연안을 통해 즈윈 만까지 방문하게 되어 금융 및 무역의 일대 거점으로 번영했다. 부자가 된 시민들은 자신들의 성공의 상징으로, 도시의 한가운데에 벨포트 종탑으로 종루를 세웠다. 교회가 사회를 지배하고 있던 시절, 시간을 알리는 종탑은 교회와 왕의 권위와 권력이 강한 곳에서는 시민이 지을 수 없었지만, 브뤼헤 시민은 스스로 시장의 시작 시간을 알리는 종루를 세우는 것으로, 그 자립을 나타냈다. 그것은 자본주의 사회의 첫 거점이 된다. [10] 브뤼헤는 벨기에 제2의 도시로 도시 전체가 유네스코 지정된 곳이다. 도시를 둘러싼 운하는 베니스를 연상시킨다. 건물들은 레고 같다.

바실리크 성혈 예배당이 있는 곳이다. 시청사 옆에는 로마네스크 양식의 바실리크 성혈 예배당(Heilig Bloed Basiliek)이 있다. 제2차 십자군 전쟁에 참가한 플랑드르 백작이 예루살렘에서 가져온 그리스도의 성혈을 모신 예배당으로 1150년에 건설되었다고 한다.

10) 위키피디아

프랑스 파리 편

예쁜 운하들과 종탑

길 위에서 나를 찾다

몽마르트르

  몽마르트르는 19세기, 20세기 초까지 많은 예술가들이 모였던 예술가 동네이다. 파리 외곽에 못 사는 동네이며 술집, 풍차들이 있는 제분소, 빨래로 생계를 이어가는 여인들이 있는 동네이다. 피카소와 고흐도 이곳에 머문 적이 있다. 이곳에 빨래터에서 스페인이나 남유럽에서 온 여인들이 빨래 같은 허드렛일을 많이 하였는데 화가들이 모델로 많이 활동하였다고 한다.

  언덕 아래에는 물랑 루즈 카바레도 있다. 파리를 다녀온 뒤에 '물랑 루즈'를 보았다. 내가 좋아하는 배우인 니콜 키드먼이 나오는 영화라 더욱 감명이 깊었다. 물랑 루즈 카바레의 배우이자 고

몽마르트르 언덕과 물랑 루즈

급 매춘부인 사틴(Satine)과 사랑에 빠
진 젊은 영국인 시인이자 작가인 크리
스티안(Christian)에 관한 실화를 모티
브로 하였다. 당시 물랑 루즈는 돈 있
는 부자들이 왔던 유흥주점이었다(캉
캉춤이 대표적인 하급 문화의 상징으로 당시
근엄한 여자들의 보수적인 처신에 있어 충격
적인 춤이었다 한다). 사틴은 돈 많은 스
폰서를 구하려 하는 속물이었지만 가

난한 시인과 사랑에 빠진다. 결국 사틴은 결핵으로 죽고 말지만
그들의 사랑은 영원히 그의 글에 남게 된다. 시각적으로 아름다
운 한편의 뮤지컬 영화이다.

길 위에서 나를 찾다

영감의 도시

파리에서 약 10일을 지내다 보니 유명 관광지만을 보는 재미보다 현지인들이 사는 느낌을 살짝 느껴보는 듯하다. 에어비앤비를 5층 건물에 며칠 있다 보니 '에밀리 인 파리 Emily in Paris'의 에피소드를 느끼는 듯하기도 한다. 사실 여행에서 유명 관광지에서 기념사진 찍는 것은 식상하다. 되려 현지에서 일상을 느끼며 그 도시와 교감하면서 느끼는 일상이 더욱 재미있다.

　나나 아들이나 파리가 잘 맞는 듯하다. 아마 카페와 센강 변에서 거닐면서 전 세계 유명 예술가들이 모인 이유를 알 것 같다. 내가 사는 미국 남가주의 오렌지 카운티만 해도 거주 환경상 많은 사람들을 만나지 않아도 살 수 있는 구조이다. 사람을 많이 인터액션(Interaction)하지 않아도 살 수 있다. 그러나 파리는 대도시로서 사람과 사람이 만나야 살 수 있는 도시인 듯하다. 다음에는 한 달 살기를 할 수 있길 바라며 이 도시에 아쉬운 작별을 한다.

독서와 여행

나는 독서를 짬짬이 하는 편이다. 일 년 평균 200권 이상은 읽는 듯하다. 독서는 여행과 같다. 유명인들의 생각을 접하고 나를 키운다. 여행도 새로운 세상과의 만남이고 여행도 새로운 세상과의 만남이다. 독서는 나의 힐링이고 성장이고 루틴이고 꿈이다.

　김경일 교수에 의하면 영국의 서식스대학교 인지신경심리학

데이비드 루이스(David Lewis) 박사 연구팀은 스트레스 해소법으로 독서를 권한다고 한다. 이 연구팀의 연구 결과에 의하면 책을 6분 정도 읽을 경우 스트레스는 68% 감소하고, 심장 박동수는 낮아지며 근육의 긴장이 풀린다고 한다. 심신을 안정시키고 생각을 정리하여 준다. 그리고 내가 모르는 것을 깨닫게 하는 메타인지 능력도 키운다. 그리고 새로운 것을 깨닫거나 평소 생각한 것을 누구 추상화해서 단어로 표현해 주면 기쁘기 이를 데 없다. 또한 도파민이 나오면서 극한 행복감을 느끼게 해준다.

공부를 잘하는 학생이든, 일을 잘하는 사람이든 실제로 굉장히 뛰어난 친구들은 아이큐가 좋은 게 아니라 메타인지 능력이 높습니다. 기억력이나 계산 능력보다 내가 나를 보는 능력이 좋은 것이지요. 그렇다면 0.1%에 해당하는 뛰어난 사람들은 왜 예측력, 메타인지가 이렇게 좋아진 것일까요? 의외의 곳에 단서가 있습니다.
　　　　　　　—『창의성이 없는 게 아니라 꺼내지 못하는 것입니다』, 김경일

독서는 자기가 모르는 것을 알게 하는 힘이다. 자기 객관화를 해야 클 수 있다. 자신의 틀에 사로잡혀서 나이가 들어도 꽉 막힌 사고를 하는 사람을 보면 답답하다.

책을 많이 읽은 사람은 지성의 폐활량이 정상인보다 수십 배 크다. 복잡한 문제를 만나도 당황하지 않는 이유다…고독한 시간 속에서 저자의 생각과 내 생각을 접목시켜 색다른 생각을 잉태하는 시간이 많아질수록 난국을 극복하고 돌파할 수 있는 멘탈 머슬

(Mental Muscle)과 복잡한 문제를 조급해하지 않고 풀어낼 지성의 폐활량도 늘어난다. 독서는 생각의 독소를 제거하는 해독(解毒)과정이자 저자의 의미심장한 메시지를 풀어내는 해독(解讀)과정이기도 하다.

—『끈기보다 끊기』, 유영만

요즘은 유튜브와 같은 곳에서 지식을 습득한다. 유튜브가 라면과 같은 인스턴트 음식이라면 책은 잘 차려진 정식이다. 책은 정식처럼 정성스럽게 차려진 밥이라 영양소도 많고 소화 기능이 필요하다. 유튜브와 같은 라면만 먹다 보면 영양결핍이 되기 쉽다. 알고리즘에 빠져서 한쪽으로 치우친 사고만 하기 쉽다. 그래서 독서를 해야 한다. 특히 요즘은 전자책으로 어디든 휴대폰을 통해서도 책을 볼 수 있어서 좋다. 그래서 짬짬이 틈나는 대로 생각하고 휴대폰에 메모하고 영감들을 적어 놓고 책도 수시로 쓸 수 있다. 책이라는 것은 느림의 미학이 있다. 생각할 시간을 주면서 영혼을 만지고 생각의 근육을 늘려준다.

일부 유튜버들은 책으로 지식을 습득하는 시대는 끝났다고 말하는데, 결코 그런 미래는 오지 않을 겁니다. 책이란 읽으면서 생각하고 고민하고 체화된 지식으로 만드는 힘이 있는 유일한 지식 매개체입니다. 지식과 지혜를 동시에 갖도록 돕는 매체가 책이라는 사실은 공자가 활약했던 춘추전국시대나 지금이나 그리고 미래에도 다르지 않습니다.

—『내일을 바꾸는 인생 공부』, 김경일

생각의 근육 키우기

추상화 능력이 사고 속도를 높인다. 추상화 능력이란 새로 알게 된 지식이나 정보를 자신의 상황에 맞게 적용해서 활용하는 능력을 말한다. 구체적인 일이나 사건을 한 단계 상위의 개념으로 바꾸어 높은 곳에서 내려다보며 생각할 수 있는 능력, 즉 응용력과 재현 능력이 바로 추상화 능력이다.

— 『시간 관리 스킬』, 고도 토키오

추상화 능력을 통해서 컨설팅도 하고 난민 사역 등의 프로세스를 세우며 빠른 행동과 결과에 대한 정리, 다시 계획 수립을 하며 목표를 다듬어 간다.

현대인들은 도파민 중독에 살고 있다. 가장 위험한 것이 SNS라 생각한다. 사람의 뇌 기능을 저하시키고 남과 비교하면서 나는 우울해지게 하는 원인 중 하나이며, 가짜뉴스에 속아 사회를 분열시키고 알고리즘에 의해 극단적인 사고를 만드는 원흉이다. 프랑스에서는 백 년 전쟁 동안 주사위 게임 같은 확률 게임이 큰 유행이었고, 군인이나 귀족들을 중심으로 카드놀이가 퍼져나갔다. 그 이후 앙리 4세의 재위 기간에는 신분과 관계없이 누구나 드나들 수 있는 공공연한 게임장이 만들어질 정도였지만, 그의 아들 루이 13세가 권력을 잡은 1610년부터는 도박 금지법이 강화되어 사사로운 게임장들이 문을 닫았다. 지금도 비슷한 상황이다. TV 시청과 SNS의 발달은 사람들을 도파민 중독으로 이끈다. SNS는 즉각적인 사고, 도파민, 뇌의 기능 저하, 타자의 욕망의 노예가 되는 원인이 된다.

70년대생의 자부심

내가 대학에 들어간 92년은 '서태지와 아이들'이 나오던 X세대, 오렌지족이 나오던 시기이다. 존경하는 연세대 사회학과 김호기 교수님에 의하면 70년대생들은 '민주화의 가치를 공감한다는 점에서 86세대와, 개인주의의 감수성을 중시한다는 점에서 2030세대와 통한다. 서로 다른 두 세대를 연결할 수 있는, 아우를 수 있는, 그리하여 통합할 수 있는 세대가 70년대생이다. 70년대생에 부여된 과제는 바로 이 교량적·포용적·통합적 리더십을 발휘하는 데 있다고 나는 믿는다.'

사회에서나 가정에서나 교회에서나 70년대생은 낀 세대이다. MZ세대들 눈치를 봐야 하고 386이나 부모 세대들에게는 권위적인 문화에 맞춰도 줘야 하고 참 힘든 세대이다. 하지만 양 세대를 아우를 수 있는 70년대생이 허리가 되고 있다.

쉬어가며, 내가 쓴 시들(2)

부자란

이종찬

좋은 경험이 많은 사람이 부자다

많은 여행 경험과

좋은 사람들과의 만남과

남을 도운 감동과

아이들 키운 고생과

좋은 책들을 읽운 경험과

일용할 양식과

누울 자리와

할 일이 있고

소명을 아는 자가 부자다

2023년 5월 30일

걷기

이종찬

나는 매일 사색을 위해 걷는다

누구는 생계를 위해 걷고

누구는 목숨을 걸고 국경을 넘으려 걷고

누구는 가기 싫은 회사에 서 끌려가듯 걷고

걷기도 의미다

좋아하는 사람과 걷는 길은 즐거우며

길 위에서 나를 찾다

건강을 위해 걸은 것도 보람차다

오늘은 무슨 걸음을 걸을까

N잡러와 나이브 아트

중년이 되면 삶의 의욕이 안 생길 때가 있다. 그럴 때는 가끔 삽질, 미친 짓을 하는 것도 도움이 된다. 올 초에 버킷리스트 하나인 산티아고 순례길을 다녀왔고 얼마 전에는 서핑보드 수업도 받았고 서핑이 힘들어 패들보드로 대신 취미를 붙이며 일주일에 2~3회는 맨발로 하이킹을 하고 있다. 올 초에 본의 아니게 체육대회서 몇십 년 만에 응원단장을 해보질 않나…. 삶이 지루할 틈이 없다. 그리고 아프간 난민을 도우며 교회에서 난민 봉사팀 리더도 하며 주류 구호단체인 월드릴리프에서 이달의 리더로 뽑히기도 했다.

근대 산업사회에서는 전문가들이 많이 생겨났다. 그것들을 이루기 위해 많은 시간을 들였고 거기에 대해서 전문가로 인정을 해주는 사회였다. 그러나 이제는 한 직업만 가지고 살기엔 시대가 너무 빠르게 흐르고 인생이 길다. 몇 개의 잡을 가져야 하는 상황이다. 노년에 하는 취미활동이나 자기 계발을 통해서 다른 일들을 할 수 있는 기회가 많아졌다. 요즘 'N잡러'니 '부캐'니 하는 것들이 이제는 보편화 되어가고 있다. 여러분은 몇 개의 직업과 취미를 하고 싶으신가요?

미술에서도 N잡러를 하던 아마추어 대가들이 있다. '나이브 아트' 또는 '소박파'라고 부르는 이들은 정규 미술 교육을 받지 않고 기존의 트렌드와도 상관없이 자신만의 개성을 가지고 나타난 화가들이다. 프랑스 화가 앙리 루소는 세관원으로 살다 49세에 화가로 데뷔했다. 41세에 루브르에 모작하러 다녔다. 그의 그림은 피카소와 같은 입체주의 초현실주의 화가에도 영향을 주었다.

앙리 루소의 대표작 '꿈'

모지스 할머니는 75세부터 101세까지 1,600여 점의 많은 작품을 남기면서 "중요한 것은 그림 그리는 것이 아니라 바쁘게 지내는 것"이라고 말했다. 그 말대로 그녀는 평생 바쁘고 즐겁게 긍정적인 인생을 보낸다. 그리고 100세의 생일이 지난 다음 해, 요양원에서 평화롭게 생을 마감하며 남편의 곁으로 돌아간다.

―『위로의 미술관』, 진병관

모지스 할머니의 '마을 축제'

나는 지금까지 책을 9권 내었고(이것까지 10권째) 그중에 하나는
베스트셀러도 만들었다(『코로나와 4차산업이 만든 뉴노멀』(2020), 몇
년간 팔려도 베스트셀러라 인증마크 붙여줌).

다작이 중요하다. 다작을 해야 그 과정에서 많이 공부하고, 많이
배우고, 실수하면서 다듬어지고 실력도 쌓인다. 바로 양질전환量
質轉換의 원리다. 지식 발전의 형태는 선형적이 아니라 퀀텀식이
다. 직선으로 조금씩 나아지는 것이 아니라 별 발전이 없는 것처
럼 보이다 어느 순간 폭발적으로 늘어난다. 모든 게 그렇다. 기타
를 치는 것도, 운동하는 것도, 책을 읽고 쓰는 것도 그렇다. 피카소
는 2만 점이 넘는 작품, 아인슈타인은 240편의 논문, 바흐는 매주

한 편씩 칸타타를 작곡했고, 에디슨은 무려 1,039개의 특허를 신청했다. 그렇기 때문에 고수들은 좋은 작품 못지않게 형편없는 작품도 많이 만들었다.

—『일생에 한 번은 고수를 만나라』, 한근태

미니멀리스트 여행

산티아고 이후에 짐을 최소화하고 있다. 55L짜리 배낭 하나면 된다. 출장 갈 때도 마찬가지다. 미니멀리스트처럼 가볍게 다닌다. 여행의 짐을 덜면서 인생의 짐도 덜어야 한다. 정작 필요한 것은 얼마 되지 않는다. 일도 마찬가지다. 컨설팅 특성상 내용은 간략하게 핵심만 찍어서 해야지 고객도 편리하고 나도 편리하다. 그래야 더 많은 손님을 더 많이 컨설팅할 수 있다. 공부 못하는 학생들은 서두가 길다. '응답하라'에서 구하라는 독서실에서 책상을 청소하다 잠이 든다. 기업들 보면 일의 결과보다 보고서 양식 포맷에 시간을 들인다. 일을 위한 일을 만든다.

인생도 마찬가지다. 인생의 목적과 의미가 없는 사람들은 헛다리 짚다가 인생을 허비한다. 고수일수록 효과적이고 효율적이다. 엄한 삽질을 하지 않는다. 인간관계도 자기가 배울 만하고 함께하면 좋을 사람들 위주로 만난다. 기 빨리고 투덜거리고 남을 험담하는 사람들은 만나지 않는다. 내 옆에 누가 있느냐가 나를 결정한다. 특히 이민 사회는 좁아서 인간관계에 나쁜 사람들을 만나면 나까지 도태되기 쉽다.

에리히 프롬의『소유냐 존재냐』처럼 우리는 존재를 찾아 노력해야 한다. 미국에 살다 보면 큰 집과 좋은 차 타고 다니면 아메리칸드림을 이룬 듯하지만 허망하다. 물질이 나를 소유한 듯하다. 사람들 보면 큰 집과 좋은 차를 위해 자기의 영혼을 팔아서 바삐 살다가 스트레스만 받고 병에 걸리는 것을 많이 보았다. '부하지도 않고 가난하지도 않게(잠언 30:8)' 균형 있는 삶이 필요하다. 'Shortcut to Happiness'라는 영화는 맨날 어렵게 사는 작가가 악마에게 자신의 영혼을 팔고 하루아침에 유명 작가가 되는 스토리이다. 한번 보길 바란다.

관찰력이 통찰력이다. 앙리 마티스는 행인의 실루엣을 몇 초 안에 그리는 연습을 위해 지나가는 사람들의 특징을 순간적으로 스케치하는 연습을 하였다고 한다. 앙리 마티스는 표현주의 화가이며 야수파 화가이다. 강렬한 색채와 간결한 표현이 특징이다. 나는 앙리 마티스의 그림을 좋아한다. 간결하게  표현하면서 군더기기가 없는 본질만 얘기하는 것 같다. 미니멀리스트 작품이다. 그림계의 아이폰이랄까…. 비즈니스도 통찰력이 필요하다. 창의력도 통찰이다.

앙리 마티즈의 블루 누드, 퐁피두 미술관 소장

멈추지 마라

양광모

비가 와도
가야 할 곳이 있는 새는
하늘을 날고

눈이 쌓여도
가야 할 곳이 있는 사슴은
산을 오른다

길이 멀어도
가야 할 곳이 있는 달팽이는
멈추지 않고

길이 막혀도
가야 할 곳이 있는 연어는
물결을 거슬러 오른다

인생이란 작은 배
그대, 가야 할 곳이 있다면
태풍이 불어도 거친 바다로
나아가라

— 〈한 번은 시처럼 살아야 한다〉 중에서, 양광모

튀르키예 편

호모 부스터로써
인생 후반전을 살아가는 법
카파도키아와 이스탄불

유튜브 동영상 시청
https://www.youtube.com/
watch?v=sFXxXOCGhkk

세계는 한 권의 책이다. 여행하지 않는 자는 그 책의 단지 한 페이지만 읽을 뿐이다.

— 성 아우구스티누스

진정한 여행은 새로운 풍경을 보는 것이 아니라 새로운 눈을 가지는 데 있다.

— 마르셀 프루스트

여행이란 우리가 사는 장소를 바꾸어주는 것이 아니라 우리의 생각과 편견을 바꾸어주는 것이다.

— 아나톨 프랑스(1921년 노벨문학상 수상)

올해 마지막 여행을 떠나며

드디어 튀르키예 여행을 마치고 비행기에 올랐다. 보통 여행기는 돌아오는 비행기에서 쓰는 편이다. 튀르키예에서 미국 LA까지 13시간 걸린다. 자고 영화 보고 해도 시간이 남는다. 시간을 때우기 딱 좋은 것이 갇혀서 글쓰기이다. 이 책이 나의 10번째 책이고 코로나 때도 책을 3권을 냈다. 그동안 쓴 책들도 거의 비행기에 갇혀서 쓴 책들이 많다. 우리가 얼마나 위대한 작가가 아닌 이상 여유롭게 글 쓸 시간이 있는가. 나는 평소 짬짬이 독서하면서 휴대폰에 독서를 메모하고 생각 다이어리(키워드 몇 개 적는 수준)이지만 비행기에서 책을 쓸 때 큰 도움이 된다. 지난 11일 동안의 행적을 쫓아가 보자.

올해 2023년은 나에게 나이 50을 먹는 인생 후반전의 시작이자 남성 갱년기를 겪은 해이다. 이민 온 지 18년에 큰애는 대학 2학년, 둘째는 12학년(한국으로 치면 고3)에 들어 이제 한숨 돌리는 순간이 왔다. 한편 비즈니스 7년 차이면서 작년까지 아주 잘 되던 비즈니스는 경기 여파와 여러 사정으로 처음으로 매출이 줄었으며 여러 일들이 크고 작고 터진 해이다. 갑자기 마음이 허하다고 번아웃 느낌이 와서 올봄에 산티아고 길에서 내 자신을 돌아봤고, 6월 캐나다 록키에서 벤쿠버까지 로드 트립, 7월에 파리 여행, 다시 10월 말에 떠난 튀르키예 여행은 다시 사춘기 같은 나의 50에 나를 성장시키고 크게 만드는 계기가 되었다.

집에서 일하다 보니 생각할 시간이 많고 일도 효율적으로 해서 나는 좋다. 하지만 많은 생각과 글감들이 영양분처럼 쌓이면 소화하고 배출해줘야 한다. 그리고 여행을 통해서 다양한 낯선 사람들과의 교류는 나의 뇌와 한계를 넓혀준다. 밥 먹으면 똥 싸듯 읽고 생각하고 영감을 받은 것도 주기적으로 배설해야 한다. 집안에 갇히면 사고가 굳고 사람의 알고리즘에 빠진다. 나의 틀을 깨는 여행이 나이테처럼 쌓이다 보면 나의 삶의 자취를 볼 수 있다.

요번 튀르키예 여행은 작년 말에 계획했다. 미국에서 같은 동네에 사는 이민 친구가 모발이식을 한다고 간다고 하길래 난 튀르키예가 가고 싶어서 같이 가자고 했다. 그러나 그 친구가 2명이 같이 하면 더 싸게 해준다고 하여 예약을 하고 올 초 2월에 가기로 되어 있었다. 그러나 튀르키예 중부에 지진이 오는 바람에 가기가 영 편치가 않았다. 지진 구호로 한참인데 모발 이식을 간다는 것도 좀 그렇고 또 여진이 오면 어쩌나 하는 걱정도 들었다 (만약 머리 이식하다가 지진이 온다면⋯ 생각만 해도 끔찍하다).

그래서 날짜를 미루어 온 것이 10월 말에 11일간의 여행을 하였다. 예약 후 튀르키예에 대한 공부를 하다 보니 튀르키예에는 많은 명소들이 있었다. 이스탄불에서 시술하니 거기서도 머무르지만 카파도키아가 유명했다. 열기구 사진으로도 유명하지만 오래된 기독교 박해 현장이자 동굴 지하교회가 있는 곳이었다. 그래서 카파도키아에서 며칠 보내고 이스탄불에 며칠 머문 후에 여행 후반기 3일은 모발이식에 할애한 알찬 여행을 계획한 것이다. 인생 50에 모발이식으로 다시 태어나는 인생의 하프타임이다. 모발 이식 이야기는 궁금하다면 개별적으로 질문 주시길.

항상 여행은 가서도 좋지만 가기 전에도 좋다. 미리 그 지역에 대한 서적도 보고 역사 공부도 해 둔다. 유튜브에 해당 지역의 명소들도 보고 대충 어디에 갈지 짜본다. 가기 전에 여행을 위한 스케줄들의 재고가 있으면 삶이 지치지 않는다. 여행하기 위해 일하는지 일하기 위해 여행하는지 헷갈린다. 살기 위해 먹는지 먹기 위해 사는지, 이와 같은 논리이다.

여행의 묘미는 가기 전에 일정을 짜는 과정도 좋지만 현지에서 겪는 에피소드, 고생, 우연히 만난들 사람과 장소 등의 세렌디피티이다. 계획은 절반만 짜고, 나머지 반은 현지에서 우연에 맡긴다. 계획의 50% 중에 또다시 절반은 현지 하루 여행 투어를 신청한다. 요즘 현지 하루 투어 앱들이 발달해서 영어 가이드나 외국인들과 같이 투어하고 싶으면 Viator 앱을, 한국 현지 투어가 좋다면 마이리얼트립 앱을 추천한다. 둘 다 장단점이 있다. 양식을 먹을지, 한식을 먹을지의 차이인 것 같다. 이번 여행도 하루 현지 투어는 가격 비교, 스케줄 일정을 고려해 한국 현지 투어 반, Viator 반으로 짰다. 여행이 11일이니 여행 계획과 중간에 비행편 등을 짜는 것도 만만치 않았다.

여행 전 2달은 일 때문에 굉장히 바빴다. 친구는 모발이식 일정. 나머지 현지 여행 및 비행편(로컬 포함)을 내가 짰다. 일이 바빠서 예약을 꼼꼼히 확인하지 못해서 친구의 로컬 비행기 라스트 네임(Last Name)을 내 성씨로 하는 바람에 LA에서 비행기 타기 전에 이름을 바꾸느라 보딩 직전까지 고객센터에 전화하고 난리가 났었다. 결국 이름 바꾸는 비용이 새로 비행기 끊는 가격보다 비싸서 로컬 비행기를 다시 끊었다(정작 나중에 튀르키예에 내 로컬 비행기에서는 여권 이름을 자세히 확인하지도 않았다).

길 위에서 나를 찾다

결국 여행 내내 길러지는 것은 민첩성(Agility)이다. 요즘 애자일 경영이 유행하는 것도 세상이 하도 빠르게 돌아가다 보니 중장기 계획보다는 상황에 맞게 전략과 계획을 수정해서 바로 실행하는 전략이 유행이다. 여행도 다니다 보면 변수가 너무 많다. 튀르키에 여행에서도 그랬다. 애자일 훈련이면서 각종 황당한 일을 당하고도 멘탈을 지키는 극기 훈련이 여행의 묘미이다. 인생이 그렇지 않은가. 언제나 계획대로 된 적이 얼마나 있나, 예상치 않은 곳에 어려움이 오고 다시 희망과 길이 보이지 않던가. 자, 이제 튀르키에로 출발하자.

카파도키아

이스탄불에 도착해서 바로 다음 날 아침 비행기로 카파도키아에 도착했다. 시골 버스 정류장처럼 아주 작은 공항이다. 전세계 사람들이 오는 공항치고는 너무 작은 공항이다. 택시를 타고 카파도키아 도시 중 가장 유명한 괴레메시로 들어갔다. 우리는 괴레메 시내에 호텔을 잡았다. 호텔까지 택시비가 1,500리라가 나왔는데 환율이 1달러에 28리라 정도 했다. 그런데 카드를 받지 않는단다. 친구와 나는 카드가 다 될 거라 생각했는데 환율을 약 200불 정도밖에 하지 않았고 여행 내내 캐시가 떨어지면 어쩌나 걱정하면서 다녔다(다행히 여행 끝까지 딱 맞게 씀).

카파도키아 네브쉐히르 공항

　호텔에 얼리 체크인을 하고 도시를 둘러보면서 낮을 익혔다. 버섯처럼 솟아오른 바위에 동굴을 파놓은 집들 사이로 오래된 집들이 같이 공존하는데 마치 영화 세트장에 온 기분이다. 앞으로 우리는 며칠 동안 스머프 마을 같은 풍경에 푹 빠지게 된다.

　카파도키아는 페르시아어로 아름다운 말들의 땅이라는 뜻이다. 특이한 지형은 영화 스타워즈와 스머프의 모티브가 된다. 카파도키아의 중심은 '네브쉐히르'다. 이 근처에는 바위산에 수많은 동굴이 박혀 있는 '우치히사르'가 나온다. 이곳은 산 전체가 온통 터널과 동굴 집이 벌집처럼 연결된 천혜의 요새로 '히사르'라는 단어는 '성채'라는 의미이다. 히타이트 제국을 거쳐 비잔티움 제국 때는 무슬림의 침입에 대항하기 위한 중요한 요새였다고 한다. 근처 계곡에는 수도사들이 통신용 비둘기를 기르던 곳도 있다.

우리가 묵은 곳은 괴레메라는 마을이었다. 로마 제국 시기 많은 기독교인들이 박해를 피해 이 계곡으로 피신했다고 한다. 기독교가 공인된 이후에는 수도사들이 대거 모여들어 집단을 이루었다. 지형적으로 외적이 침입하기 어렵고 토지도 비옥해 점차 많은 인구가 유입되었다고 한다.

이슬람의 튀르크족이 아나톨리아 지역을 장악하자 카파도키아는 다시 기독교인의 피난처가 되었다. 이들은 지하에 숨어 살며 동굴을 파서 교회를 만들어 예배를 드리고 성화를 그렸다. 이후 1923년에 튀르키예공화국이 창립되면서 수천 년 동안 대를 이어 이곳에 살던 많은 그리스계 기독교인들은 그리스의 무슬림들과 인구교환이 이루어지면서 그리스로 이주하게 된다.

이곳에 동굴 집이 많은 직접적 이유는 나무가 매우 귀하기 때문이라 한다. 화산재가 쌓여 만들어진 무른 응해암이라서 굴 파기도 상대적으로 쉽다고 한다. 괴레메는 '보이지 않는다'라는 의미이다. 박해자의 눈을 피한다는 의미인 것이다. 카파도키아 지역에는 초기 기독교인들이 만들어 놓은 동굴교회와 수도원이 1천여 개에 이른다. 또한 성화가 그려져 있는 교회만도 150여 개 정도 된다고 한다.

카파도키아 동굴집들

    우리가 마침 도착한 날은 튀르키예 건국 100주년 기념일이었다. 마을 광장에는 초대 대통령 아타튀르크 사진이 건물마다 걸려있다. 튀르키예 국기인 월성기도 여기저기 걸려있었다. 미국에 보면 여기저기 큰 성조기가 보면 마음이 뭉클해지는 느낌이 있는

길 위에서 나를 찾다

마을 광장에 100주년 기념행사를 하는 주민들

아타투르크의 사진

데 튀르키예 국기도 오래 보니 빨간색 중독이 생긴다. 망해가던 오스만 제국을 다시 살리고 튀르키예공화국을 만든 것이 아타투르크 대통령이다. 전쟁 영웅이면서 공화 국가를 수립하고 경제발전과 사회 개혁을 한 분이다. 박정희 대통령이 아타투르크 모델을 따라 한국의 경제개발을 했다는 얘기도 있다. 이슬람 국가에서 정치와 종교를 분리해내고 서구화에 노력하여 현대사회로 들어오는 데 중요한 역할을 한 사람이라 모든 국민들이 존경하는 것 같다. 알파벳 도입과 남녀평등 등 튀르키예가 서구화된 일등 공신이다.

동물의 천국

튀르키예에 있다 보면 길거리에 개와 고양이가 무척 많다. 다 유기견, 유기냥이라고 생각했지만 애들이 의외로 때깔도 좋고 건강해 보인다. 나중에 가이드 얘기로는 국가에서 개, 고양이를 관리하고 다 자기가 주인처럼 돌본다고 한다. 보면 곳곳에 강아지, 고양이 밥과 물들이 놓여 있다. 강아지를 키우고 있는 댕댕이 아빠인 나로서는 다들 사랑스럽지 않을 수 없다. 야외 카페서 식사나 차를 마시면 이 녀석들이 나한테 자주 와서 인사하고 꼬리를 흔든다. 집에 우리 둘리(강아지 이름)가 생각이 난다. 요 고양이 요놈은 우리 테이블 바로 옆에서 식사하는 모습을 쳐다보다가 - 혹시나 먹을 것을 줄 줄 알고 - 웨이트 아저씨한테 쫓겨났다. 특히 카파도키아의 개와 고양이는 너무나 행복해 보인다.

카파도키아 지하도시

튀르키예는 성경 구약과 신약에 등장하는 많은 도시들의 본고장
이다. 아담과 이브, 아브라함, 이삭, 야곱이 살았던 하란이 있고
바울 선지자가 선교 여행을 온 소아시아 7개 교회가 있으며, 기독
교와 이슬람 국가들이 서로 싸우며 영토가 왔다 갔다 하면서 마
치 밀물과 썰물처럼 어떤 날은 기독교 지역이 되었다고 어떤 때
는 이슬람 지역이 되었던 곳이다. 그렇다 보니 층층이 기독교와
이슬람의 흔적이 유적지마다 희한하게 혼합되어 있다.

우리는 지하도시 중 하나인 데린쿠유에 들렸다. 카파도키아에
는 200개 이상의 지하도시가 있었던 것으로 추정되는데, 놀라운
것은 이 지하도시들이 지하터널로 연결되어 있었다는 것이다. 지

금은 무너졌거나 무너질 위험이 있어 폐쇄되었고, 그중 가장 규모가 큰 두 개만 일반인에게 공개하고 있다. 그중 하나가 '데린쿠유'다.

점점 깊어지지만 호흡이 막히거나 답답하지는 않다. 지상에서 수직으로 뚫려 있는 공기 통로가 환기구 역할을 해 공기가 순환되도록 정교하게 만들었기 때문이다. 환기구를 통해 통신도 주고받았다. 적의 침입을 알리고 도망갈 시간을 벌도록 한 것이다. 침입을 받으면 다른 지하 동굴로 피할 수 있는 비밀 통로가 있는데 외부에서는 열 수 없는 바위문을 설치해 요새를 방불케 한다.

카파도키아 중 가장 유명한 것이 지하도시이다. 기독교가 로마의 국교가 되기 전까지 이곳에 기독교 박해를 피해 살았던 지하도시들이 수없이 많다. 아직 다 발굴하지 못한 곳도 많다. 우리는 그중에 규모가 가장 큰 데린쿠유에 들렸다. 지하 11층까지 있는 곳인데 한때는 2만 명이 살던 곳이라 한다. 어마어마한 규모이다. 이 안에는 예배당, 저장고, 방, 거실, 외양간, 와인 저장고 등 모든 시설이 마련되어 있다. 적들이 들어오면 길을 찾지 못하게 미로로 되어 있다. 지도도 없다. 지도가 있으면 적들이 이용할까 봐 살던 사람들의 머리에만 있다.

곳곳이 적들이 들어오면 빠질 수 있는 함정이 만들어져 있고 어떤 구간은 쪼그리고 가야 할 만큼 작다. 적들이 무기를 들고 움직일 수 없는 구조이다. 환기시설도 잘 되어 있어서 여러 통로로 환기가 되어 있게 했다. 겨울에는 따뜻하고 여름에는 시원한 바위 재질이다.

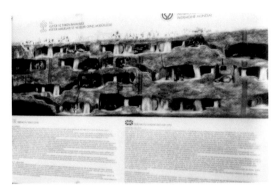

벌집처럼 되어 있는 지하도시 사진

으할할라 계곡에 있는
St. George 교회벽화들

St. George가 뱀을 물리치는 벽화. 무슬림에 의해 훼손되었다

셀리메 수도원

카파도키아 열기구 타기

어릴 적에 본 '말괄량이 삐삐'는 상상 속 나쁜 악당을 물리치는 삐

　　　　　　　길 위에서 나를 찾다

삐의 모험 이야기이다. 항상 상식을 뛰어넘는 기행으로 어린아이들의 상상력을 자극한다. 그중 하나를 보면 삐삐가 열기구를 타고 여행하는 이야기도 나온다. 차를 연결해서 거기서 친구들과 먹고 자며 여행한다. 카파도키아는 열기구 풍선으로 유명하다. 하늘 위로 올랐을 때 가슴이 뻥 뚫리는 기분이다. 현실인지 꿈인지 몽환적이다. 아침 해 뜨기 전에 올라가서 해 뜨는 풍경을 보자니 눈물이 나올 정도로 아름답다.

열기구는 가스버너를 이용해 위아래로만 갈 수 있지만 좌우로는 조정할 수가 없다. 그냥 바람에 밀려서 갈 뿐이다. 그래서 열기구가 착륙하는 곳을 정할 수가 없다. 다행히 카파도키아 주민들과의 합의로 인해 어디에 떨어져도 괜찮다는 주민 합의를 얻었다. 열기구 조종사들과 지상에 착륙지원팀이 수시로 워키토키로 송수신하면서 떨어질 지점에서 만난다.

튀르키예는 형제의 나라

요번에 와서 가장 크게 느낀 것은 튀르키예 사람들이 한국 사람을 무지 좋아한다는 것이다. 어디서 왔냐 물으면 '한국에서' 왔다 하면 무조건 말을 건다. 그리고 '캘리포니아에서 온 한국인'이라 하면 더욱 신기해한다. 튀르키예는 6.25 전쟁 때 우리를 도운 국가이다. 미국, 영국, 호주, 뉴질랜드에 이어서 15,000명의 군대를 파견했다. 이제는 많은 참전 용사들이 돌아가셨지만 이번에 와서 대부분 만나는 사람마다 6.25 참전 이야기와 몇 년 전에 튀르키예와 한국 공동 제작해서 튀르키예에서 흥행한 영화 '아일라' 얘기를 하는 것을 들었다('아일라' 영화나 관련 다큐멘터리를 보신다면 감동을 느낄 수 있을 것이다).

이스탄불에서도 택시 기사가 자기의 할아버지가 참전용사라고 했다. 우리는 당신들이 도와줘서 한국이 이렇게 잘 살게 되었다고 감사의 말을 하였고 특별히 그분에게는 택시비 몇 배의 팁을 드렸다(실수로 중복으로 2번 드렸다). 어쨌든 피를 나눈 형제나 다름없는 나라이다. 그리고 축구 선수 김민재가 튀르키예에서 잠깐 활동도 하였고 2002년 월드컵 때도 튀르키예랑 경기한 터라 축구로도 한국을 기억해 준다. 특히 젊은 사람들의 K 문화는 핫하다. 영화, 드라마, K-pop을 좋아하며 어떤 한국 레스토랑은 아예 현지 젊은 사람들만 있어서 신기하기도 했다.

튀르키예는 원래 삼국시대 때 돌궐족이라고 부르던 유목 민족국가이다. 고구려 위쪽에 살면서 수나라, 당나라 때 고구려와 손잡고 중국을 견제했던 나라이다. 돌궐족도 투르크(튀르키예)의 중국 발음이며 '길길이 날뛴다'라는 폄하하는 의미를 가진다. 당나라 때 돌궐족을 토벌하는 바람에 돌궐족은 서쪽으로 계속 이동하다가 결국 튀르키예 지역에 이른다. 이슬람 종교를 약 11세기에 받아들이고 압바스 제국에 도움을 받았다가 셀주크 투르크를 세운 뒤에 그 후에 오스만 제국이 된다. 결국 이주 유목민이 이 지역의 패권을 제패한 국가가 된 것이다. 술탄 마호메트 2세가 비잔틴 제국(동로마 제국)을 1453년에 무너뜨리고 거대한 제국을 이루게 된다.

우리가 카파도키아에서 만난 첫 가이드는 한국에서 공부도한

한국말 잘하는 튀르키예 가이드

튀르키예 아저씨이다(나보다 나이가 많은 줄 알았더니만 35살이란다).
이 친구는 한국 인천교대에서 어학연수 6개월을 했단다. 그런데
한국말 실력이 아주 대단했다. 아주 어려운 단어(화강암, 석회암 등
의 어려운 한자어)뿐만 아니라 속어('아저씨, 머리 조심해요. 뚝배기 깨져
요')도 하면서 한국인들 배꼽을 잡게 만든다. 얼굴을 안 보고 얘기
를 들으면 그냥 한국 아저씨가 얘기하는 듯 발음도 정확하다. 워
낙 한국인들도 많이 오다 보니 한국관광회 사람도 일을 한다.

　미국에서도 나는 보통 무슬림들을 만나면 종교적인 색채 때문
에 대화에 주제가 한정되어 있고 최대한 민감한 토픽을 꺼내지
않으려고 한다. 그러나 이 튀르키예 가이드 친구는 해박한 역사
뿐만 아니라 마음 또한 오픈되어 있는 친구였다. 한국 이야기를
하면서 자기는 한국에 삼겹살에 소주가 생각난다며 배꼽을 잡게

했다. 무슬림이면 술, 돼지고기를 아예 입에도 대지 않을 것으로 생각했지만 그 이후에 만난 튀르키예사람들이 아주 열정적인 무슬림들은 아주 많지는 않은 것 같다. 이 가이드도 튀르키예에서는 술과 돼지고기를 먹을 수는 없지만 한국에서는 친구들과 먹었다는 일화를 얘기 해줬다.

또 기억에 남는 친구는 모발이식 병원에서 만난 네히르 마리아라는 대학생 아가씨다. 영어를 잘 해서 병원에서 통역 아르바이트를 하던 친구였다. 엄마는 루마니아 사람이고 아빠는 튀르키예 사람이란다. 마리아는 한국말도 곧잘 한다. 이 병원에 한국인이 오는 경우가 흔치 않아 금방 친구가 되었다. 딸 뻘의 대학생이 한국말 연습하느라 우리에게 계속 말도 걸고 우리도 병원서 필요한 것들에 대해서 많은 도움을 받았다. 이 친구는 컴퓨터 관련 학과라서 졸업하고 IT 관련 일을 할 것이라고 한다. 그리고 이 친구가 병원 근처에 맛있는 한국 분식집을 알려주었다.

그 외 여행에서 만난 인연들

위 아더 월드(We are the world)처럼 다들 오픈 마인드이다.

- 동네 아저씨 포쉬: 모발 병원에서 같은 날 시술하고 삼 일 동안 같이 병원에 체크업하러 가는 밴에서 매일 만난 우리 옆 동네 요바란다 사는 70세 아저씨다. 이분은 아프간서 86년에 미국 와서 나름 성공한 분이다. 자녀들이 의사에 하나는

변호사란다. 내가 현재 2년 동안 아프간 난민들 미국 정착에 도우미 사역을 하고 있다니깐 고맙다고 하면서도 요즘에 넘어오는 아프간 사람들은 별로 달가워하지 않는 듯하다. 아프간도 계급사회라서 상류층과 하류층이 섞이지 않는 문화이다. 아무튼 이 아저씨는 미국화되어서 미국 사람 같은 분이다. 각종 전 세계 역사와 현재 기업가의 여러 부분들, 인생 이야기를 하면서 너무나 재밌는 시간을 보냈다. 미국에 돌아가면 나랑 내 친구랑 동네에서 한국 BBQ 집에 가자고 한다. 70세이지만 건강하시고 이제 더 젊어지실 거 같아 신나 하는 분위기다. 좋은 분 같다.

- 런던 친구 토미(Tommy): 모발이식 후 이스탄불 크루즈에서 크루즈 배를 잘못 탄 줄 알고 이 배가 다시 돌아가는지 묻다가 친해짐. 내년 초에 한국 여행이라면서 많이 물어봄.

- 이스탄불 커플: 모발이식 후에 이스탄불서 지나던 모스크가 너무 예뻐서 길을 묻다가 영어를 너무 잘해서 한참을 대화함. 친절한 커플.

- 두 번째 무슬림 가이드: 레드 투어 때 만난 가이드. 친절하고 많이 공부한 듯. 무슬림이냐고 물으니 '무슬림이 되려고 노력 중이야'라고 함. 의외로 튀르키예가 무슬림이 국교지만 많은 사람들은 그렇게 적극적으로 믿지는 않는 듯. 미국에서 교회 안 나가도 크리스천이라고 하는 개념 같음.

- 호주 친구: 카파도키아서 그린 투어를 함께했는데 막 이스탄불에서 모발이식 마치고 카파도키아 여행하는 친구. 나도 시술 예정이라니 반가워하면서 많은 것들을 알려줌.

- 에티오피아 친구: 카파도키아에서 레드 투어를 한 뒤에 카파도키아에서 이스탄불 가능 비행기 바로 옆자리에 탐.
- 일본 친구: 20대 대학 졸업하고 직장에 다니는 여자 청년들인데 열기구 타다, 카파도키아 공항서, 그리고 이스탄불 블루 모스크 앞에서 마주침. 영어 발음들이 너무 좋음. '화자, 마자, 브라자'의 유튜브 짤의 선입견을 깬 친구들.

이외에도 수많은 사람들을 하루에 만난다. 날마다 축제처럼 사람들은 환대해 주었고 가슴이 열리며 코스모폴리탄으로 사는 재미가 붙었다. 우리는 하늘 아래 같은 인간임을….

고생해서 남 주나

여행에서 수많은 어려움이 온다. 트래블은 '고생', '고난'을 뜻하는 라틴어 '트리팔루스(Tripalus)'에서 유래한 말이라고 한다. 예상치 않은 변수들로 멘붕이 오기 일쑤. 사람들은 고통이 없기를 바란다. 신앙을 가진 사람들도 왜 신이 우리에게 고통을 주냐고 반문한다. 왜 고통을 주시고 회복시키고 굳이 왜 그렇게 하시냐고. 우리가 너무 쉬운 문제만 찾으면 인생이 무슨 의미이랴. 내각 믿는 기독교로 말하면 나는 우리가 '성화'의 과정을 거쳐서 '신과의 합일', '신의 경지'에 이를 정도의 인격에 이르게 하시는 게 하나님의 목적 같다. 신앙이 우리의 고통에만 집중하지 않고 나의 고통을 넘어 남의 고통과 고민에도 귀 기울이는 게 하나님이 세상을 창조한 원리이다.

고생은 나의 멘탈을 강화시킨다. 내 친구는 이스탄불 공항서 카파도키아로 가는 국내선을 타다가 랩톱 컴퓨터를 잃어버린 것을 며칠 뒤에 알았다. 이스탄불 공항 검색대에서 놓고 온 것을 확신을 해서 분실물 센터(Lost & Found)에 전화를 했지만 찾은 게 없단다. 그 친구는 업무용 컴퓨터라 걱정을 하였고 나는 안심하라 하였다. '믿음대로 될지어다'.

친구 비행기표에 라스트 네임을 잘못 예약해서 다시 끊었으나 이스탄불 돌아가는 비행시간이 틀려서 그냥 틀린 이름으로 가는 티켓을 보여줬는데 검사관이 대충 보고 비행기에 탄 것, 튀르키예에 오기 전에 튀르키예에 대한 영화 '테이큰(Taken)'으로 주변인들이 장기 떼이고 오는 거 아니냐고 농담 반 진담 반으로 놀린 것, 모발이식 병원이 잘하는지 못하는지 걱정한 것, 네이버에 택시 바가지 내용이 있어서 처음에 택시 바가지 쓸까 고민한 것 등 오해와 기우는 너무나 많다. 99%의 걱정은 기우이다.

여행 내내 가슴 졸이는 사건이 연속이었다. 매일 크고 작은 에피소드는 결국 어떤 식으로 해결이 된다. 인생도 그렇지 않은가. 우리가 실제 고민하는 일의 얼마나 실제로 일어났던가. '걱정이 너희 키를 자라게 할 수 있냐'는 성경의 말씀처럼 현대인들은 걱정과 불안의 연속이다. 고통은 우리의 인생의 무게추와 같다. 걱정·고민 없는 삶도 권태롭다. 하나님은 우리가 감당할 만한 시험을 주신다. 여행에서 그랬듯 우리의 삶에서도…. 특히 남의 말에 너무 신경 쓰지 말자. 내가 해본 것과 그들은 해보지도 않고 걱정해주는 것을 구별할 수 있어야 인생이 성공한다.

'잘못 탄 기차가 목적지에 데려다준다'. 인도영화 중에 'Lunch Box'라는 영화에서 나온 대사이다(잔잔한 영화면서 감동을 주는 영화. 추천함). 인생의 실수와 고통들이 일어나지 않았으면 좋겠지만 일어날 일은 일어난다. 이렇게 논리적으로 설명하기 어려운 필연 같은 우연을 심리학자 칼 융은 '동시성(Synchronicity)'이라고 이름 붙였다. 서로 연관된 일들이 동시에 발생할 때 왜 이런 현상이 일어나는지 우리는 불가사의하게 느끼게 된다. 결국 여행을 마쳤을 때는 모든 에피소드들이 비빔밥처럼 어우러져 좋은 추억으로 남겨진다. 인생에 허투루 생긴 일들은 없다.

요즘 경영학에서 화두도 '회복 탄력성(Resillience)'이다. 무너져도 금방 일어나는 힘, 상황을 역전시키는 힘이 불안정 사회를 살아가는 힘이다. 개인도 멘탈 훈련이 필요하면 여행이 좋은 훈련장이다. 골프도 멘탈이고 인생이 멘탈이다. 고생을 통해서 우리는 성장한다. '고생하니 여행이다.'

종교충돌은 왜 굳이

요즘 세상이 시끄럽다. 이스라엘-하마스 충돌로 전 세계가 갈라지고 있다. 튀르키예 역사에도 기독교-이슬람 종교전쟁으로 역사의 흔적이 자명하다. 그러나 우리가 만났던 무슬림들은 친절하고 환대하는 분위기가 너무 좋다. 되려 지난여름에 갔던 파리 사람들보다 훨씬 호의적이다. 사람을 보고 여행을 오자면 파리보다 튀르키예가 낫다.

여행 중에 만난 사람들은 다들 오픈 마인드이다. 이념과 종교가 중요한지 헷갈린다. 산티아고 때도 그랬다. 길 위에서 모두 한 인간으로 만나 인간 실존의 고민도 같이 얘기한다. 튀르키예 여행에서도 외국 여행객들과 수많은 얘기를 하였다. 인간이 만든 종교와 이념으로 인해서 인간 자신을 풍요롭게 한 것이 아니라 이로 인한 충돌로 인해서 더욱 많은 인간들이 고통을 겪는 역설적인 상황이다. 심지어 같은 기독교지만 교리가 다르다는 이유로 같은 기독교가 박해하고 신·구교가 갈등하는 것을 본다. 누구를 탓하랴. 시간이 지나 문명이 발달해서 이념과 종교전쟁은 나아지지 않는다. 나라도 여행 다니며 세계평화주의자가 되어 본다… 러시아 사람이든 무슬림이든 누구든 우리는 길 위에서 모두 친구다.

일찍이 중국의 도자기 기술이 들어와서 오스만식의 도자기 문화가 발달함. 현지 도자기 공방에서 시연하는 모습. 무늬가 정말 아름답다

오픈에어 뮤지엄. 바위산에 뚫어놓은 교회와 신학교. 20세 기초까지 그리스 정교회인들이 신학교로 사용했다고 한다. 왼쪽은 바위로 판 테이블. 거기서 식사하며 교제했단다

우리는 우리 시선의 노예이다. 편견 깨기

카파도키아 3일째 투어에서 만난 흑인 부부가 있었다. 처음 만났을 때도 가이드가 오라는 시간에 안 와서 사람들이 기다려서 좀 진상이라고 생각했다. 버스에 다른 외국인들과 얘기를 해도 이들과는 하지 않았다. 요즘 나이가 들다 보니 남에게 예의가 없거나 속된 말로 진상짓을 하는 사람들을 보는 것이 짜증스럽다. 그러다 카파도키아에서 이스탄불로 가는 비행기에 바로 내 옆자리에 앉지 않겠는가. 그렇게 직접 그 사람과 얘기해보고 쉽게 판단하는 나를 반성하게 되는 에피소드가 되었다.

이 에티오피아 부부는 영어를 잘했다. 지금은 커피를 수출하는

탁심 거리와 탁심 광장

길 위에서 나를 찾다

비즈니스를 한다고 한다. 와이프는 미국에서 간호사를 한다고 하고 딸도 미국에서 고등학교를 다닌다 하였다. 에티오피아에서 온 사람들이라 살짝 무시했는데 영어도 잘하고 말하는 것도 교양 있어서 놀랐다. 에티오피아가 유일한 기독교 국가란 것도 처음 알았다. 독실한 기독교이면서 에티오피아 역사 이야기도 하였다. 예전 한국전쟁 때 에티오피아에서 파병해서 용맹하게 싸웠다는 얘기도 하였다. 마침 내가 FDA 식품 컨설팅을 하니 미국에 수출하게 되면 연락을 달라고 했다. 그리고 호텔은 어디서 묵냐고 했더니 리츠칼튼에 묵는단다(이스탄불에서 가장 좋은 호텔). 역시 사람은 얘기해보기 전에 선입견을 갖지 말자. 반대로 좋게 생각했던 사람이 교제해보면 꽝인 경우도 마찬가지다. 그보다는 내가 먼저 좋은 사람이 되자.

터키 커피(Turkish Coffee)와 차(Chai)의 나라

원래 커피는 6세기경에 에티오피아(Ethiopia)의 한 목동에 의해 처음 발견되었다고 알려져 있다. 염소들이 빨간 열매(Berry)를 따 먹고 흥분하여 뛰어다니는 광경을 목격한 목동은 자신도 이 열매를 먹어보게 되었고, 그 결과 머리가 맑아지고 기분이 상쾌해지는 느낌을 받았다. 그는 이 사실을 이슬람 사원의 수도승에게 알렸고, 기분이 좋아지고 졸음을 방지해 주는 등 수양에 도움이 되는 신비의 열매로 알려지면서 여러 사원으로 퍼져나갔다.

커피는 원래 이슬람의 신비주의 종파인 수피교도들이 졸음을 방지하고 수행에 정진하기 위해 마셨던 음료였으나 수피교도들이 이슬람 세력의 확장에 이바지하면서 술탄의 비호를 받게 되면서 커피도 대중에게 퍼져나갔다고 한다. 그러던 중 12~13세기에 걸쳐 십자군 전쟁이 발발하면서 이슬람 지역을 침입해 온 유럽 십자군이 커피를 맛보게 되었다. 이스탄불에는 세계 최초의 카페인 '차이하네'가 등장했고, 16세기에는 600개가 넘는 카페가 성업했다고 전해진다. 17세기에는 오스만 튀르크가 오스트리아를 침공하였고 오스만 병사들이 빈에서 후퇴하면서 버리고 간 원두를 통해 커피가 서유럽으로 전래하여 유명한 '비엔나 커피'도 그때 개발된 것이라고 한다.

또한 튀르키예에서 차이(Tea)도 인기이다. 볼록한 투명한 잔에 마시는데 설탕은 넣어서 먹는다. 설탕을 먹기 위해 차를 마신다고 해도 과언이 아니다. 미국에서는 커피를 주로 마시다가 튀르키예에 오니 튀르키예 차이가 너무 맛이 좋다. 잔이 주는 묘한 매력도 있고 식사 후나 식사 중간에 티타임을 즐기는 여유가 좋다. 길거리마다 조그만 테이블과 조그만 의자에 티를 파는 곳이 많다. 이곳은 이슬람 문화 때문에 술을 먹지 않으나 담배는 많이 핀다(담배는 모하메드가 이슬람교를 창시한 뒤에 나와서 코란에서 금지하는 얘기가 없다고 한다). 그래서인지 카페가 많고 사람들이 삼삼오오 모여 티타임을 갖는 모습들을 많이 본다.

이슬람 국가이다 보니 주말에도 남녀노소들이 나와서 불금을 즐기지만 한국처럼 술 마시고 흥청거리는 모습이 없다. 다들 차를 시키고 디저트를 시켜서 먹으면서 수다를 떠는 소박한 행아웃을 즐긴다. 특히, 터키쉬 딜라이트(튀르키예식 디저트, Turkish

Delight)는 오랜 역사를 자랑하며 튀르키예는 자국에서 나오는 각종 견과류를 이용해서 만든 바클락 및 사탕들 맛있는 디저트의 천국이다. 그리고 아이스크림은 맛도 있지만 손님들에게 장난삼아 줬다 뺏는 볼거리를 선사한다.

이스탄불, 유럽과 아시아가 만나는 세계의 중심

어릴 적에 블루마블 보드게임을 할 때 이스탄불 도시가 보드판에 나왔다. 그때는 어디 있는지도 잘 모르는 나라였다. 그런데 왜 블루마블 보드판에 이스탄불을 세계 대도시 중에 하나로 넣는지 이제 알겠다. 세계에서 5번째로 큰 도시이다. 이스탄불은 거의 1600년 동안 여러 국가의 수도였다. 오랫동안 로마 제국(330년

~1204년, 1261년~1453년)의 수도였고, 잠시 라틴 제국(1204년~1261년)의 수도이기도 했으며, 콘스탄티노폴리스의 함락 이후에는 오스만 제국(1453년~1922년)도 수도로 정했다. 이후 콘스탄티노폴리스는 튀르키예 공화국이 세워지면서 이스탄불로 개칭 당하고, 앙카라로 수도를 이전하면서 수도의 역할이 끝났다.

튀르키예인들의 정체성은 유럽이면서 아시아인인 두 개의 정체성을 가지고 있다. 밀물과 썰물처럼 다른 종교와 문화, 인종이 섞이다 보니 백인인 듯하면서 동양의 모습도 가진 묘한 얼굴들이다. 현재 EU에도 가입하기 위해서 노력하지만 인권 문제와 EU 국가들이 이슬람이라는 달갑지 않은 종교 때문에 가입 반대를 하고 있다. 나도 어떨 때는 나의 정체성이 헷갈린다. 한국인이면서 이제 미국 시민권자로 18년을 산 이민자. 이제는 한국문화와 미국문화 사이에서 헷갈린다. 그러나 여기에도 저기에도 속하지 않은 자유로움이 좋다. 더욱 나를 오픈 마인드로 만든다. 튀르키예 사람들이 되려 미국이나 유럽 사람들보다 오픈 마인드이다. 아시안에 대해서도 차별하는 느낌이 적다.

콘스탄티노플의 함락과
마호메트 2세의 두 가지 핵심 전략.
그리고 우리가 배울 것들

넷플릭스(Netflix)에 '오스만 제국의 부흥(Rise of Ottoman Empire)'라는 시리즈 영화가 있는데 거기에 마호메트 2세가 비잔틴 제국의 콘스탄티노플을 점령하는 역사가 나온다. 마호메트 2세는 21세에 콘스탄티노플을 점령했다. 콘스탄티노플은 거의 천 년 동안 적으로부터 함락되지 않은 도시이다. 약 5세기에 만들어진 성벽은 몇 겹으로 되어 있고 그 중간에 해자 그리고 보스포러스 해협이 가로막고 있으며 골든 혼이라고 부르는 지역에 위치해서 쇠사슬을 설치해서 적들의 배가 오면 쇠사슬을 당겨서 못 들어오게 하는 천혜의 요새이다.

그러나 마호메트 2세는 대포 신기술과 생각지 못한 전략을 구사하면서 콘스탄티노플을 함락시키게 된다. 첫 번째는 '우르반' 대포의 역할이다. 이 거대한 대포는 길이만 8m에 포신 구격이 1.5미터에 이르는 대포이다. 포탄의 무게만 600kg이 넘는 대포로 콘스탄티노플의 성벽을 허물 수 있는 획기적인 기술이었다. 사실 헝가리인 우르반은 처음에 오스만 제국이 콘스탄티노플을 공격하기 1년 전인 1452년에 동로마에 자신이 제작한 거포를 제공하려 했지만, 동로마 황제 콘스탄티누스 11세는 우르반이 요구한 높은 기술 특허권을 감당할 수 없었고, 그러한 대규모 공성 대포를 만드는 데 필요한 재료를 당시 동로마로써는 소유하지 못했다.

또한 콘스탄티누스 11세는 천 년 동안 콘스탄티노플이 천혜의 요새라 굳이 방어에 큰 걱정이 없었기에 7천여 명에 불과한 병사들만 거닐고 있었다. 당시 오스만이 8만 대군을 이끌고 왔을 때 수적으로 열세였고 서유럽에 교황으로부터 지원을 요청했지만 동방정교를 가진 비잔틴 제국이 종교가 다르다는 이유로 파병을 하지 않는다. 당시 이탈리아 용병 지오바니 군대만 도울 뿐이었다.

또 하나는 누구도 예상하지 못한 전술을 구사한 것이다. 마호메트 2세는 무모해 보이면서도 담대하기 그지없는 방안을 선택한다. 바로 루멜리 히사르에 정박해 있는 함대를 육지를 가로질러 골든혼 안쪽으로 이동시키는 방법이다. 큰 배들을 옮기는 것은 누구도 도저히 생각할 수 없는 기상천외한 발상이었다. 파괴적 혁신이다.

우선 배에 있는 무거운 장치를 떼어내 무게를 줄이고 배에 수백 가닥의 밧줄을 묶었다. 그다음 보스포러스의 톱하네 해안에서 골든혼의 카슴파샤 해안에 이르는 구릉에 기름이 칠해진 둥근 목재를 깔았다. 한밤중의 어둠을 틈타 병사들과 소떼들이 목재 위에 올려진 67척의 배를 밀어 골든혼 해안에 내려놓는 데 성공했다. 그리고 성벽 아래로 상륙하여 성을 함락시키게 된다.

영원한 것은 없다. 천년 평화를 지켜온 콘스탄티노플도 신기술의 발달과 새로운 전략에 무릎을 꿇는다. 코닥 필름이 디지털에 밀리고 노키아 핸드폰이 추락하고 제조 강국 독일이 무너지는 시기이다. 지속적인 혁신이 산업과 개인의 삶도 마냥 안주하지 못하게 한다. 그래서 항상 안전지대(콤포트 존, Comfort Zone)에서 나와야 한다. 4차산업이 도래해서 AI와 로봇이 인간을 대체하는 시대에 기업과 개인들의 역할은 점점 줄어든다. 결국 계속 공부하고 창의적으로 상상하고 실천하고 의미를 찾아야 한다. 그렇지 않으면 당신도 결국 시대의 흐름에서 낙오자가 되고 잉여 인간이 될 것이다.

보스포러스 해협

비잔틴 제국의 성벽 흔적들

소피아 성당과 블루 모스크

이스탄불의 가장 유명한 두 개의 모스크가 소피아 성당과 블루 모스크이다. 첫 번째 블루 모스크는 외관이나 내관이나 처음 보는 사람은 '우와' 하는 감탄사가 절로 나온다. 크기도 웅장하고 정교하게 깔끔하게 설계된 구조를 보면 감동 그 자체이다. 이슬람 사원의 특징은 기독교 성당이나 교회와는 달리 사람이나 동물의 형상을 그릴 수가 없다. 그래서 식물이나 글자, 무늬만 내부를 장식하고 있는데 그 무늬 자체들이 정말 정교하다.

블루 모스크의 정식 명칭은 술탄 아흐메트 모스크로 오스만 제국의 제14대 술탄 아흐메트 1세의 명령에 따라 1616년에 완성되었다. 세계에서 가장 아름다운 모스크라는 평가를 받고 있다. 모스크 안 벽면을 온통 뒤덮은 푸른빛을 띠는 도자기 타일 때문에 블루 모스크라는 애칭으로 널리 알려져 있다. 전 세계에서 여섯 개의 미나렛(첨탑)을 갖고 있는 유일한 모스크이다. 여기에는 재밌는 일화가 있다. 당시 예루살렘으로 성지 순례를 간 술탄이 금(알틴, Altın)으로 모스크를 지으라는 무리한 명령을 내리자 도저히 불가능했던 터라 금이 아닌 6개(알트, Altı)로 잘못 들었다고 하여 첨탑을 6개 세웠다는 이야기이다.

어쨌든 술탄은 의외로 멋있는 모습에 감탄해서 놔두라고 하였는데 사실 모스크의 첨탑은 개수가 제한되어 있다. 1개의 첨탑이 세워진 곳은 개인이 만든 사원, 2개면 나라가 만든 사원, 4개면 왕이 만든 사원이라고 한다. 당시 메카에 있는 모스크가 첨탑이 6개라 한 나라 왕이 6개의 첨탑을 가지는 것은 불경스러운 일이었다. 그래서 그 당시 술탄은 메카에 있는 사원에 모스크 첨탑을 더 세우라고 돈도 기부하여 지금의 6개 첨탑이 남아있다고 전해진다.

바로 맞은 편에 위치한 약간 허름한 외관을 가지고 있다. 벌써 1,500년이라는 세월의 흔적이 있어서일까. 하기야 소피아 성당은 537년에서 1453년까지는 그리스 정교회 성당이자 콘스탄티노폴리스 세계 총대주교의 본부였다. 다만 콘스탄티노폴리스가 라틴 제국에 의해서 점령된 1204년부터 1261년까지는 로마 가톨릭교회의 성당으로 개조되었다가 이후 다시 정교회 성당으로 복귀하였다.

오스만 제국이 콘스탄티노폴리스를 점령한 1453년 5월 29일부터 1931년까지는 모스크로 사용되었고, 튀르키예 공화국 수립 후에 1935년에 박물관으로 다시 개장했다. 그러나 2020년 7월 10일에 에르도안 대통령의 지시로 다시 박물관에서 모스크로 바뀌었고, 현재는 '하기아 소피아 그랜드 모스크(The Hagia Sophia Grand Mosque)'로 사용되고 있다. 성당과 모스크를 왔다 갔다 한 흔적들이 있어서 내부에 들어가 보면 교회의 벽화 위에 회칠한 후 모스크 문양으로 장식한 묘한 분위기를 자아낸다.

원래 소피아 성당은 처음에 360년 2월 15일에 처음으로 착공되었으나 여러 차례 폭동과 화재로 인해서 유실되었다가 다시 유스티니아누스 1세 때 537년에 드디어 성당이 완성되었다. 유스티니아누스 1세는 성당에 들어서자마자 그 위용에 감탄을 금치 못했다. "솔로몬이여, 내가 당신을 이겼노라!" 솔로몬이 세운 예루살렘 성전보다 더 아름다운 성당을 지었으니 자신이 솔로몬을 이긴 것이라고 소리 높여 외쳤다고 한다. 유스티아누스 1세는 고민하지 않고 성당의 이름을 '하기야 소피아'로 명했다. '하기야'는 그리스어로 '성스러운'을, '소피아'는 지혜를 의미한다. '성스러운 지혜의 성당'인 것이다.

소피아 성당은 이후 수많은 지진에도 불구하고 현재까지 1,500년 동안 그 자리를 지켜 건축학적 불가사의로 불린다. 나중에 설명할 블루 모스크가 더 화려하고 웅장하지만 구조적으로 소피아 성당이 더 오래전에 지어졌음에도 훨씬 튼튼하다. 반면 블루 모스크는 천 년 뒤에 지어졌음에도 내부에 큰 코끼리 기둥들이 있어서 예배당에 자리한 사람들 일부는 앞을 볼 수가 없다. '성스러운 지혜'를 담은 소피아 성당은 탄생 후 천 년 동안 기독교의 중심적 역할을 했다. 그 후 마호메트 2세가 콘스탄티노플을 점령한 뒤에 천년의 역사를 마치고 이슬람 모스크로 바뀌게 된다.

내부에 보면 기독교 성화들이 거의 지워져 있다. 다만 몇 개의 그림만 복원되어 있어서 이곳이 교회였구나 하는 것을 알게 한다. 크리스천인 나로서는 역사를 흔적을 담고 있는 이곳에 굉장한 감동을 준다. 세월의 흔적과 전쟁의 상처를 가지고 있었지만 오래된 된장처럼 더욱 진한 맛을 주고 있는 것 같다. 바르셀로나의 가우디 건축물 중 사그리아 파밀리아 성당 이후에 오랜만에 느껴지는 감동적인 건축물이다.

소피아 성당. 1,500년의 풍파를 이겨낸 전설적인 건축물. 무슬림들 점령 후 많은 성화와 구조물들이 훼손되었다

블루 모스크. 너무 웅장하고 내부가 정교해서 감탄이 나온다

길 위에서 나를 찾다

톱카프 궁전

톱카프 궁전은 15세기 중순부터 19세기 중순까지 약 400년 동안 오스만 제국의 군주가 거주한 튀르키예 이스탄불의 궁전이다. 이스탄불 구시가지가 있는 반도, 보스포러스 해협과 마르마라해, 금각만이 합류하는 지점이 내려다보이는 언덕 위에 세워져 있다. 현재는 박물관으로 이용 중이다. 이곳에는 모하메드의 콧수염과 머리카락이 전시되어 있고 모세의 지팡이도 전시되어 있다. 모세의 지팡이는 좀 의심쩍다(믿거나 말거나).

왼쪽은 모하메드의 콧수염, 오른쪽은 모세의 지팡이

톱카프 궁전에 살던 술탄들과 톱카프 궁전 입구

길 위에서 나를 찾다

예레바탄

예레바탄은 동로마 제국 시대의 지하 저수지이다. 본래 황실 수
도 공급을 원활히 하기 위한 목적으로 콘스탄티누스 대제 때에
공사를 시작하여 유스티니아누스 1세 때인 532년에 만들어졌고
오스만 제국 시대에 폐쇄되었다. 또한 적들이 침공하면 물이 귀
하기 때문에 식수 마련을 위해 저장시설을 마련하였다. 약 5만
리터의 물을 저장할 수 있다고 한다. 이런 지하 저수지가 수백 개
라고 들었다. 현재 이스탄불에는 지하철이 없는데 이곳이 지하
유적지도 많을뿐더러 이러한 저수지들이 곳곳에 있으니(아직 발견
안 된 곳들도 많을 것으로 추정) 지하철 공사를 못 할 만도 하다. 지하
로 들어서면 습기가 느껴지면서 여러 몽환적인 조명을 설치해서
아름다운 분위기를 연출한다.

예레바탄 내부

제국의 역설
관리할 수 있는 것까지만 하기

제10대 군주인 술레이만 1세(재위 1520년~1566년) 때에 이르면 오
스만 제국의 국력은 더할 나위 없이 막강해져 다른 나라를 압도
하기에 이르렀으며, 그 영역은 중앙유럽과 북아프리카에까지 확
장되었다. 그러나 승승장구하던 오스만 제국은 술레이만 시대가
끝나면서 서서히 내리막길로 접어든다. 첫째는 영토가 너무 넓어
져 관리하기가 힘들어졌기 때문이었다. 로마처럼 거대영토의 관
리가 쉽지 않은 제국의 역설이 오스만에서도 발생한 것이다. 지

역을 관리하는 관료들의 힘이 세지고 영토가 넓어지자 술탄은 군이 위험을 무릅쓰고 전쟁터에 나가려 하지 않고 궁전에만 안주했는데, 이는 술탄의 권위가 약해되어 갔다.

본격적으로 18세기부터 오스만 제국의 힘이 약해졌다. 1699년 헝가리를 잃었다. 이후 1789년 프랑스 대혁명의 여파로 절대 군주로부터의 민주 혁명과 민족 독립을 추구하는 세계적 흐름에서 오스트리아를 비롯한 유럽 국가들은 땅을 되찾았다. 한편, 아랍인을 비롯한 피지배 민족의 독립운동이 제국 내에서 일어났다. 1830년 그리스가 왕국으로 독립했고, 이어서 영국, 프랑스, 러시아의 침략을 당했다.

그리고 제1차 세계대전 중 독일 제국, 오스트리아-헝가리 제국, 불가리아 왕국과 동맹국으로 참전한다. 결국 제1차 세계대전에 패전국이 되어 전범 국가로 지목됨으로써 세브르 조약의 결과, 1914년 이전의 영토를 거의 대부분 상실하고 소아시아와 유럽의 일부만을 지니게 되었다. 500년의 제국은 서서히 몰락했다.

1923년 7월 24일 로잔 조약에서 신생 튀르키예 공화국은 오스만 제국의 후계 국가로서 그 주권을 국제적으로 인정받았으며, 1923년 10월 29일에 새 수도 앙카라에서 튀르키예 공화국이 정식으로 건국을 선포하였다. 무스타파 케말은 공화국의 초대 대통령이 되었으며, 구 오스만의 잔재를 털어내고 새로운 세속 공화국의 건설을 목적으로 여러 급진적인 개혁을 추진하였다. 1924년에 그는 632년 이래 1,300년 동안 이어져 오던 칼리프제를 폐지하였고, 튀르키예 공화국의 기본 정신인 세속주의를 법으로 제정했다.

돌마바흐체 궁전과 블루 모스크 사이로 해가 뜨는 모습

길 위에서 나를 찾다

삶과 비즈니스도 마찬가지이다. 도전하되 내가 감당할 수 있는 것까지 한계를 아는 것이 중요하다. 비즈니스의 모델과 사업영역을 정해야 한다. 주변에 보면 자신의 역량의 한계를 모르고 이거저거 건드리다 매듭짓지 못하는 것을 많이 보았다. 적어도 한 분야에서는 전문가 또는 그 업계에서 탑(Top)이 되어야 영역 확장이 쉽다. 그리고 너무나 사업 영역이 확장되거나 스타트업에서 Scale-up의 준비가 되어 있지 않으면 비즈니스도 휘청거린다. 자신의 삶의 밸런스도 잘 맞춰야 한다. 일을 하다보면 워커홀릭이 되어서 자신이 하는 비즈니스나 일이 무엇이 목적인지 상실할 때가 많다. 오래 길게 갈 것인가, 짧고 굵게 갈 것인가 결정해야 한다. 항상 듣는 얘기가 있다. 제일 무서운 말이 있다. '앞만 보고 달려왔다'. 방향 점검 없이 앞만 보고 달리다 인생 허비한 경우를 많이 보았다.

튀르키예가 벌써 그리워

나는 튀르키예와 다녀와서 튀르키예에 빠져버렸다. 그 지역 이슬람 국가들 사람들이 순박하고 좋다는 것도 알았다. 특히 튀르크족이 세운 아제르바이잔, 카자흐스탄, 키르기스스탄, 타지키스탄, 투르크메니스탄, 우즈베키스탄 등 중앙아시아 6개국이 튀르키예어를 쓰고 있어서 언어·종교·문화에서 비슷하고 그들끼리는 형제 국가라 부른다. 우리가 튀르키예와 형제 국가이니 그들도 우리의 형제 국가 아닌가.

음식 또한 기가 막힌다. 환율도 좋아서 음식값이 싸다. 케밥, 홍합밥, 양곱창(코코렉), 양곱창전골(펠라케차), 함시(튀긴 멸치), 고등어케밥은 내 입맛에 딱이다. 음식값도 현지인들이 가는 식당들은 정말 싸다. 음식 싸고 사람들이 한국 사람들에게 호의적이고 역사적으로 볼 것 많고 너무 좋다. 삼박자가 갖춰진 곳이 드물다. 주로 여행지로 유럽 쪽에 가고 싶은 생각이 많이 들었으나 이쪽 이슬람 문화권(튀르키예, 아시아권)이 나한테 잘 맞는 것 같다.

이번 여행은 대성공이다. 모발이식에 카파도키아·이스탄불 알짜 여행, 좋은 사람들을 만난 것, 맛있는 음식을 먹은 것, 그리고 환율 영향으로 물가가 정말 쌌다. 그 후에 유튜브를 보니 튀르키예와 형제 나라인 아제르바이즌, 카자흐스탄, 우즈베키스탄 등 중앙아시아가 물가가 싸고 역사적으로 볼 것도 많은 것을 알았다. 한국 사람도 무지 좋아한단다. 다음에 또 갈 것을 기약하며….

펠라케차. 양곱창전골 맛이 난다

고등어케밥을
조리하는 모습

양곱창구이(코코렉)와 홍합밥

함시(튀긴 멸치)

미니멀 여행, 미니멀 라이프, 린경영

여행을 많이 다니다 보면 점점 짐을 적게 싸게 된다. 특별히 올초에 다녀온 산티아고 순례길 통해서 더욱더 줄어 들어서 이제는 출장이고 여행이고 55리터짜리 배낭 하나면 끝이다. 우리가 일상에 살면서 소유한 모든 물건들은 정작 필요 없는 것들이 많다. 적게 소유하고 적게 벌고 적게 소비하려는 게 나의 신조이다. 미국에 사는 나로서는 쉽지는 않지만 그렇게 사려고 한다. 여행에서 너무 먹을 게 많아서 3끼를 다 먹다 보면 살이 찌는 경우가 많다. 이럴 때 한 끼는 금식을 해준다.

비즈니스에서는 린(Lean)경영이라고 한다. 요즘 린스타트업도 유행이다. 몸집을 가볍게 하여 시작을 하는 것이다. 그리고 공장

길 위에서 나를 찾다

에서는 쓸데없는 낭비를 줄이기 위해서 린경영을 한다. 우리의 삶도 가끔은 가지치기를 해야 한다. 사람들도 그렇고 하는 취미 생활도 그렇고 삶의 여유 공간을 만들어야지 다른 일들을 할 수 있다. 자신의 인생의 Goal이 분명할수록 가끔은 삶도 디톡스와 가지치기가 필요하다. 인생은 짧다. 목표를 잡고 나아가기에도 부족한 판이다. 쓸데없는 일에 시간 낭비하지 말기를.

　유럽 여행을 다니다 보면 ibis라는 호텔 체인을 볼 수 있다. 가면 일반적인 프론트 데스크(Front desk)도 초라하다. 그러나 가성비는 정말 좋은 호텔이다. Ibis를 운영하는 프랑스 호텔 기업 아코르(Accor)는 맥도날드 햄버거의 셀프서비스 모델을 적용하여 큰 성과를 거뒀다. 호텔 운영에 셀프서비스를 결합해 최소한의 인원으로도 고객 서비스 품질을 유지하고 영업이익을 확보한 것이다. 투숙객은 키오스크에서 객실 선택, 숙박비 결제를 하고 열쇠를 수령한다. 가격 경쟁이 치열한 중저가 호텔 사업에서 이비스는 효율적인 비용 구조와 적절한 서비스 품질의 조합으로 경쟁력을 유지하고 있다. 업의 본질을 찾는 것이 중요하다. 내가 왜 이 일을 하는지. 이 비즈니스의 본질이 무엇인지 끊임없이 고민해야 한다.

그랜드 바자르

유람선에서 본 이스탄불 야경

길 위에서 나를 찾다

여행은 나를 키운다

여행을 통해서 나는 성장한다. 그리고 다양한 사람과 환경, 역사가 나에게 삶에 대한 총체적 시각을 준다. 동굴의 시각에서 큰 하늘을 보여준다. 독일의 문호 괴테(Goeth)는 이탈리아를 22개월 동안 여행하고는 『이탈리아 여행기』라는 책을 썼다. "나를 다시 태어나게 하고, 혁신시키고, 충실을 기할 수 있게 한 일대 사건이었다."라고 한다. 사실 유명 관광지에서 인증샷을 찍는다고 내가 성장하지 않는다. 여행을 통해서 자기 자신을 성찰하고 사색하는 시간을 많이 가져야 한다.

　우리는 고독을 잃어버린 시간에 살고 있다. 지그문트 바우만은 자신의 책 『고독을 잃어버린 시간』에서 현대인이 고독의 시간을 잃어버린 채 사는 게 왜 문제인지에 대해서 다음과 같이 주장했다. "결국 외로움으로부터 멀리 도망쳐 나가는 바로 그 길 위에서 정작 당신은 스스로 고독을 누릴 수 있는 기회를 놓쳐버린다. 놓쳐버린 그 고독은 바로 사람들로 하여금 신중히 생각하게 하고, 반성하게 하며, 더 나아가 인간끼리의 의사소통에 의미와 기반을 마련하게 하는 숭고한 조건이다."라고 하였다.

우리는 항상 핸드폰으로 연결되어 있다. 카톡이나 SNS로 나는 항상 누구와 연결되어 있고 언제든 대답해야 하는 번아웃 사회, 피로사회를 살고 있다. 때로는 플러그아웃하여 고독의 시간이 필요하다. 요번 튀르키예 여행에서는 내 전화기가 자동 로밍이 안되서 호텔에서만 와이파이가 연결되었다. 불편함도 있었지만 카톡과 이메일 안되서 나름 안식할 수 있었다. 함석헌 선생도 〈그대는 골방을 가졌는가〉라는 시를 통해 "이 세상의 소리가 들리지 않는(…) 은밀한 골방을 그대는 가졌는가?"라고 우리에게 질문하고 있다. 골방에서 우리는 삶의 의미와 방향을 항상 점검해야 한다.

호모 부스터(Homo Booster)가 되는 삶

내가 여행을 많이 다닌다고 돈 많고 놀러만 다니는 사람으로 착각하기 쉬운데 그건 아니다. 일도 열심히 하고 공부도 열심히 한다. 일 년에 읽는 책이 200권 이상이고 일 년에 한두 권의 책과 매달 적어도 3개의 칼럼을 쓴다. 그리고 그동안 홈리스, 난민 사역들을 하고 있다. 나만을 위한 삶이 아닌 남을 성장하는데 도움이 되고자 교회 소그룹 리더도 하고 있다. 내가 쓴 책 중에『포스트 코로나: 호모 부스터가 온다』는 나의 철학과 인간이 나아갈 미래상을 쓴 나의 가장 아끼는 책이다. 인생을 충만하게 사는 것이 나의 목표이다. 신이 주신 달란트를 나와 남을 위해서 쓰다 갈 것이다.

결국 인간이 AI가 인류를 대체할 세상에 인간의 가치로서 의미를 찾는다면 소수의 창작자 말고는 남을 돕는 호모 부스터[11]의 역할밖에 없다. 나머지 인간들은 세상에 창조의 역할도 못하고 수동적으로 여생을 보내는 잉여 인간의 역할밖에 할 수 없는 것이다.

미국 이민 생활에 보면 이민 와서 열심히 일해서 돈을 번 뒤에 은퇴해서 골프나 치고 나머지 시간을 어떻게 처리할지 몰라 지루하게 보내시는 분들을 많이 본다. 수명이 길어지면서 나머지 시간을 보내는 것도 고역이다. 권태가 고통만큼이나 무서운 것이다. 인생의 의미가 없으면 사람은 병든다. 그래서 의미를 찾으려면 자신이 성장해야 하고 남들을 돕는 길이 나를 살리는 것이다.

그런 면에서 여행을 나를 성장시키는 좋은 기회이다. 그리고 국내외로 내가 남을 돕는 길이 많다. 현재 나는 아프간 난민들이 미국에 정착하도록 돕는 사역을 하고 있다. 이것도 2년이 되어가면서 현재 나는 교회분들과 지인들과 연합해서 조그만 모임을 이끌면서 봉사하고 있다. 난민들이 미국에 잘 정착하여 우리에게 감사함을 표할 때 큰 보람이 된다. 벌써 몇 가정을 섬겼고 이제는

---

11) 호모 부스터(Homo Booster): 남을 돕는 인간(저자가 만든 신조어)

부모 없이 넘어온 아이들 4명(18~19세)들을 섬기고 있다.

튀르키예에도 수많은 난민들이 유입되고 있다고 한다. 유입된 이들로 인해서 이스탄불의 렌트비도 상승한다는 슬픈 현실이다. 여행을 다니다 보면 여러분들이 사는 곳이 천국임을 알게 된다. 나만 해도 미국에 오렌지카운티가 세상에서 제일 좋은 것 같다. 그러면서 내가 좋은 환경에서 사는 것이 나만 주신 복 같지는 않다. 무언가 세상 사람들과 나누라는 의미인 것 같다. 여러분들이 여행하면서 단지 여러분의 시간과 돈을 쓰기 위한 소비성 여행이라면 여행의 절반만 이룬 것이다. 현지와 가슴과 가슴으로 만나고 나의 존재 의미를 깨닫는 것이 진정한 여행의 이유인 것 같다. 알버트 아인슈타인은 "인간은 왜 세상에 존재하는가?"라는 질문에 "우리는 오직 서로에게 도움이 되기 위하여 존재한다."라고 얘기했다.

여행을 통해서 만난 사람들, 특히 젊은이들에겐 항상 격려해준다. 이제는 아들, 딸뻘인 친구들도 많이 만난다. 사람들의 마음에 불을 지피는 호모 부스터 여행이 나의 컨셉이다. 마음의 씨앗에 불을 지피고 그들이 나로 인해서 희망과 격려가 된다면 이것이 여행의 보람이지 않을까.

인생에 늦은 시간은 없다. 당장 시작하라

나 또한 레이트부머(Late Bloomer)인 것 같다. 젊을 때 하고 싶었던 것들도 모두 안되고 - 사실 내가 좋아하는 것보다 남들이 좋다고 하는 것들을 따라다녔다. 여행도 마찬가지다. 20대에 유럽을 여행하지 못한 데 한이 맺혀 50에 봇물 터지게 여행을 시작했다. 생각하는 대로 이루어진다.

고흐도 27살에 그림을 시작했다. 인생 100세 시대, 120세 시대에 우리는 모든 것이 될 수 있다. 아시아인 최초로 아카데미 음악상을 수상했고, 골든 글로브와 그래미상까지 받은 류이치 사카모토는 클래식뿐 아니라 전자음악으로도 유명해졌고 여러 영화에 출연한 배우이자 모델 그리고 예능까지 섭렵한 방송인이다. 70대에 시작해 101세까지 그림을 그린 모지스 할머니도 유명하다. 늦은 나이는 없다.

우리는 타인의 시선에 너무나 구속되어 노예로 살고 있다. 이나이에는 이런 것을 해야 하고 요 나이 때는 이것을 해야 하고 이런 식이다. 사르트르는 '타인은 지옥이다'라고 했다. 타인의 시선에 휘둘리면 지옥 속에서 살게 되는 것이다. 인생 50이 되도록 살면서 타인을 위한 삶은 충분히 살았다. 이제 남아 있는 인생만큼은 나를 위해 살고 싶다(물론 남도 돕는 호모 부스터로).

그러기 위해선 세월을 아껴야 한다. 하고 싶은 버킷리스트도 만들고 자기 계발을 위한 시간, 운동하는 시간, 좋은 사람과 교제하는 시간, 취미 생활, 여행하는 시간, 남을 위해 봉사하는 시간을 계획해서 실행해야 한다. 보통의 사람들은 그냥 흐르는 대로 산다. 내가 뭘 원하는지 잘 모른다. 남들이 사는 대로 휩쓸려 살았고 앞으로도 그럴 확률이 크다.

외국 단편 영화 중에 'The Exit Plan'이라는 영화를 보면 80세 이상의 독거노인은 처분 대상이 된다. 사회에 도움이 안 되고 누가 되는 인생 후반전을 살 것인가. 아니면 남을 돕고 나도 계속 사회에서 필요한 사람이 될 것인지 본인의 선택이다. 나이를 먹었다고 존경받는 사회는 농경사회, 산업사회에서나 있는 일이다. 나이 먹고 존경받는 어른이 될 것인가, 귀한 젊은 사람들에 짐이 되는 꼰대 노인이 될 것인가 선택해야 한다. 지난 100년 사이, 노벨상 수상자의 평균 연령은 65세라고 한다. 이제 시작이다. 인생 50부터 꽃이다. 여러분도 준비되셨나요?

인생의 가치는 그 길이에 있는 것이 아니라 어떻게 사는가에 달려 있다.

— 미셸 드 몽테뉴

가장 오래 산 사람은 가장 장수한 사람이 아니라 인생을 가장 많이 느낀 사람이다.

— 장 자크 루소